願世間美好 與你環環相扣

23個正念祕訣，
讓你在生活中保持快樂和溫暖

徐多多 著

服從內心，全力以赴做想做的事情，
其他隨之而來的都是副產品。

前言
Foreword

也許你的成績普普通通，數學經常不及格，講起英文結結巴巴，從來沒當過「別人家的孩子」；學過幾樣樂器，但僅僅停留在《小星星》階段，畫畫程度停留在國小，既沒天分，興趣也不大，後來通通放棄；沒有驚世的容貌，還有一點點易胖體質，沒見過自己的馬甲線，健身卡經常拿來洗澡；擠過捷運公車，百米衝刺的時刻全部給了通往公司的路；談過幾場並不驚心動魄的戀愛，有時被丟下，有時主動離開。

生活一直波瀾不驚，只是眼前無法解決的事很糟糕。

比如，看著自己幾百元一盒的粉底蹭在捷運門上，還不能重新補上的心痛；在ＦＢ或ＩＧ吐槽公司主管，卻不小心也把主管的名字也標記上；駕駛位的車門總是被堵得死死的，不得不從副駕駛位爬出來；懂得一百種理財方式，卻連一萬元起始的基金都沒有；每次體檢後都樹立目標：我要健身，我要早睡……這些小事堆疊在一起，讓你把世界又恨了一遍。

有的人選擇看到世界的黑暗和無序的混亂，有的人選擇看了世界的黑暗和混亂後，依然相信它的美好與單純。

那個嚴肅冷漠的主管，其實也會微笑，只有業績好的同事才能看到；那個沉默寡言的同事，其實也很會做人，尤其是對頂頭上司特別殷勤；那個邋遢、不修邊幅、半夜唱歌的室友，在你搬到小套房後，徹底從你的世界消失了。可見生活並不總是如你所見，全都是眼前的不好，美好的一面，只有努力後才能看到。

你要有那份等待美好到來的情緒，也要保有這份等待之外的努力和堅持。

當你不粉飾自己，不假裝堅強，而是承認軟弱，接受平凡，這世間讚美的優秀是與真實自信的你環環相扣的。

你不會因為急著去抓住一些什麼而顯得惴惴不安，也不會因為懊惱錯過什麼而患得患失，身上曾有過的戾氣與浮躁慢慢退去，覺得來來往往都很平靜，承認脆弱是自己生命的一部分，接受它的存在並越發堅定，對未來有信心，對現在有耐心。

當你不投射自己的無力，不執迷於受害者角色，而是內心強大，無所畏懼，這世間認

可的強悍是與乘風破浪的你環環相扣的。

你與命運較量多年，努力變成一個有韌性的人。懂得怎樣和命運過招，不是那種強硬的對抗，而是溫柔地迂回，微笑著堅持，在任何境遇裡都能安撫好自己。當所有人都以為你一世都是林黛玉時，你卻靜悄悄地當了一輩子的楚霸王。

當你不裝腔作勢，不刻意討好，而是不偏不倚，明辨是非，這世間複雜的真相是與簡單單純的你環環相扣的。

你的柔軟大度是專門給愛你的人的，你的尖牙利爪是專門給傷害你的人的，你完全可以前一秒還在感謝這世界溫柔待你，後一秒就淩空躍起，撕裂跑來中傷你的人的那張嘴。該溫柔的時候就溫柔，該堅強的時候就堅強，這一點都不丟臉。

當你不渴求被照顧，不祈求被理解，而是懂得呵護，善待他人，這世間有趣的靈魂是與愛恨分明的你環環相扣的。

你能看到親情中尚有控制與傷害，能看到愛情裡存在不可考驗的脆弱之處，友情更是不可強求的錦上添花，甚至關於自愛，也得先歷盡繁華，才能明白單純的可貴。你明白提高人際幸福感的不二法門，是把管理關係的主動權握在自己手上。

當你不隨波逐流，不人云亦云，而是不慌不忙，腳踏實地，這世間真正的熱愛是與拒絕平庸的你環環相扣的。

你脫離了庸人的設定，生活必定充滿詩情畫意；你執著於理想的追求，未來也必會受到機遇的垂青。沒有很高的EQ，沒有圓滑的處世，遇到傻瓜會暴怒，遇到挫折會氣餒，學不會奉承諂媚與拍馬屁，可你待人真誠，明辨是非，懂得感恩，問心無愧。

當你不幻想遠方，不指望一步登天，而是抬頭望大事，埋頭做小事，這世間相信的奇蹟是與不願將就的你環環相扣的。

喜歡的東西就狂吃吃到膩，喜歡的人就花掉所有力氣對他好，喜歡做的事就現在立刻馬上行動，哪怕前方是一團迷霧，也好過被遺憾填滿人生。你要做活得用力、活得生猛的人，你才不想聽什麼軟綿綿的「還行」、「可以」、「沒關係」，你想聽的是「很棒」、「厲害」、「我愛你」。

當你不過度內耗，不憤世嫉俗，而是情緒穩定，神采奕奕，這世間溫暖的善意是與樂觀積極的你環環相扣的。

有的人一身負能量，所到之處，寸草不生；有的人活成一束光，走到哪裡，都生機勃勃。你一定要做後一種。不用多麼耀眼，但要明亮，要歡暢，要蓬勃；要笑容溫暖，擁抱有力；要歷經人生曲折，而熱情不改；要讓別人想起你就會笑，就踏實，就有力量，就覺得世界光明。

你是甲乙丙丁中的某一位，你是丟入芸芸眾生中就消失的那一個，你是走進茫茫人海中就不見的那一個。沒有開掛的人生，可還是覺得自己不錯。看過浩瀚絢爛的星空，領略過繁華璀璨的都市夜景，品嘗過各色地方美食；見識過令人驚奇的事物，體驗過新奇難忘的情感，遇見過一些想法不同的人。父母給了你最大的愛，朋友都是交心的那種，有一些渺小的心願，也在偷偷努力著，偶爾也為自己的人生感到驕傲。

你經常被生活屢次打擊，可你從來都沒有放棄。你哭過、累過、跌倒過，到最後還是會站起來，為了所有愛你的人，為了那個不願放棄的自己。

你相信美好的東西，卻不僅僅迷戀美好的東西能帶給你的愉悅；你也承認缺陷的必然，卻不僅僅沉浸於缺陷可能帶來的痛苦。

對於工作，努力但不癡狂；對於購物，量力而不攀比；對於娛樂，愛好但不喪志；對於家庭，忠誠但不刻板；對於金錢，喜愛但不貪婪；對於享受，追逐但不放縱；對於愛情，相信但不迷失。

你不再祈求生活放過你，而是更相信自己的努力；不再裝作萬事順遂的樣子，而是有「出了問題要自己解決，最好不製造問題」的覺悟；更不會盲目信奉犧牲、單純善良這一套，而是懂得了他人的界限和自己的定位。

你學會了在迷茫混沌的狀態裡檢視自己的行走方向；在孤獨絕望的時候，想清楚什麼是對自己最重要的；在崩潰與憤怒的底色裡看清楚自己的能力邊界；在冰冷與單調的生活裡保持正念和溫暖的心。

你一直在努力活成兩種樣子：發光和不發光。不發光的時候，都是在為發光做準備。無論別人路過是看到煙，還是看到火，都無法阻擋你綻放光芒。

因為你的人生本身是昂貴且美好的，值得拼盡全力。有時生活給你苦難，那是在鋪墊浪漫。你要相信，每一艘想避風的船都會找到自己的港，每一隻倦鳥都會找到屬於自己的歸巢，每一個你都會遇到屬於自己的美好。

生活就像一個盲盒，你永遠不知道下一個會是什麼驚喜。你要時常撒嬌，適當服軟，合理裝傻，永遠清醒；你要儲蓄你的可愛，眷顧你的善良，呵護你的勇敢；你要加倍努力，內外兼修，認真且酷；你要用心生活，找到被人生偷藏起來的糖果，以熱愛生活裡的一切做結尾。

別人都祝你快樂，我只願你遍歷山河，覺得世間美好都與你有關。

目錄

Contents

Chapter 13

你沒有不如誰，你只是自亂了陣腳

Chapter 14

悲觀者往往正確，但樂觀者更容易成功

Chapter 15

沒有人對他們說「不」的時候，他們是長不大的

Chapter 21

有期待不是壞事，能安排妥當才叫本事

Chapter 22

生活實苦，你要給自己一點甜

Chapter 23

做人要像蘇打餅乾一樣，乾乾脆脆

Chapter — 01

能力以內，你值得享受最棒的東西

誰都渴望自己的生活越來越好，
但不要打腫臉充胖子。
你喜歡且能負擔，就買來用用；
若是負擔不起，
也沒必要賠進一生來追求片刻的幻影。

便宜的替代品，無法滿足你的最終需求

最近，李可怡的表妹飯飯喬遷新居。之前因為臨時要租房子，不少東西都放在公司，正好我休息，便被拉去幫她們搬東西。

剛好是下班時間，偶遇了她公司一位快退休的阿姨。阿姨是個熱心腸，看我們搬東西，就過來幫忙，順便拉著飯飯問東問西。

當聽說飯飯在公司附近租了房子時，她驚訝得不得了。因為公司離市中心很近，周邊的房租並不便宜。

「房租每個月要交多少啊？」阿姨問。

「差不多一萬三。」

阿姨手裡拿的東西差點掉下來，她連連感歎：「哎呀，你們這些年輕人，公司有宿舍啊，怎麼不申請呢？房租免了不說，還不用交水電費，多划算啊。」

我們三個人互相對視了一下，只能尷尬地笑著。宿舍也曾被飯飯納入考慮之列，但考察過之後立刻排除了，地方相當狹窄陰暗，牆壁還受潮了，設備簡陋老化，而且沒有獨立

衛浴。

飯飯完全有能力承擔房租和水電費，自然是自己租房住。

不知道阿姨是太熱心腸還是太固執，千方百計要說服飯飯馬上退租搬去宿舍。

阿姨苦口婆心地教育飯飯：「可以省下來一大筆錢呢，你可以買書學習，生活不易，能省就省啊。」

飯飯婉言謝絕，阿姨頗有些不愉快，最後板著臉嘟嘟囔囔說年輕人亂花錢，老了可怎麼辦。

老了怎麼辦？難道不是取決於年輕時怎麼奮鬥嗎？生活湊合也能過，用心也能過，但在能力範圍以內讓自己過得好一點，有什麼不好呢？房子是租的，但生活不是啊。

論箱賣的水果有時確實很便宜，裡面卻有一半都是爛的，品質不穩定；買電子書確實很划算，但如果就是喜歡紙質書那種油墨香和儀式感，沒必要省那點錢；高層住宅的玻璃就應該找專業人士來擦，人家有專業的設備，安全放心，用錢來買命，怎麼看都划算。

有些錢看似是省了，但省完了CP值也沒那麼高，你可千萬不能上當。

比起陰暗的宿舍、單調的服裝，舒適的房子和精緻的妝容更能提升一個人的自信。與其苦兮兮地過得委屈巴巴，倒不如舒舒服服過肆意的人生。

有些東西看似對「生存」沒有什麼大的影響，可對「生活」意義重大，因為它們帶給你的力量，能夠支撐你熬過一個又一個艱難的日子。

總要有所追求，生活才不至於索然無味。亦舒說：「有時候不捨得花，便告訴自己，將來火化了，難道把項鍊別針套在骨灰罐上不行？」

節儉是美德，但是因為過度節儉而忽略生活品質並不值得提倡。確實有很多人，他們經濟拮据，受金錢所困，但是沒錢並不代表要將就度日、得過且過。

向上的路有很多條，但低配的理由只有一個：什麼都不想要。不想要交通便利的房子，不想要心儀的車子，不想要辛苦但報酬豐厚的工作機會，不想接受新鮮事物……只要你心甘情願放下一切對提高生活品質的需求，那麼你就擁有天下無敵的自信來享受糟糕的現狀。

決定幸福感的不是金錢，而是生活態度，在力所能及的範圍內給自己合理的快樂，才是高級的活法。

所謂合理的快樂就是用自己有的換自己想要的，已經明白不可能擁有全世界，但是始終會給自己能力範圍之內最好的，竭盡全力工作，恰如其分地享受，獲得合理的快樂。

如果你愛吃的水果是香蕉而不是進口的黃金奇異果，那就沒必要跟風去買來吃；保溫瓶裡泡枸杞也許並不符合你一貫的風格，那喝點花草茶也沒什麼不好，誰說養生只有一種方法；比起買各種線上課程讓自己心安理得地認為付費了就是學到了，平時廣泛涉獵各種書籍也大有裨益。

對自己好一點，是對自己努力成果的肯定，有努力工作的義務，自然就有享受生活的權利；對自己好一點，是肯定那個揮汗如雨的自己，是獎勵那個不曾放棄的自己。

每個人都有嚮往美好生活的權利。通過自己的努力，換取自己想要的東西，這叫等價交換，我們不應該為此感到羞愧。

物質從來不俗氣，只要它是用自己的努力換來的

我表姊，年齡沒比我大多少，現在就坐在我對面，表情嚴肅。說實話，我從來沒見過

她這麼嚴肅。

「我有一個祕密要告訴你。」表姊的表情依然很嚴肅。

我深吸一口氣，看來這一天終於要來了，我問：「難道你真的是我媽的私生女？」

表姊毫不留情地敲我腦袋：「你腦子裡每天都想些什麼鬼東西！」

我承認我胡思亂想了。

「那你說的祕密是什麼啊？」我捂著腦袋問她。

「我又買包包了。」

「這還叫祕密嗎？你每天都買包包好嗎！」

「我昨天買了一個香奈兒的包包，十萬多！」

如果我此時在喝水，肯定是要噴出來的，十萬多買個包包，我媽要是知道了肯定會碎碎念的。不過我表面上依然不動聲色，畢竟買包包的是我表姊，一個掙錢有道、花錢如流水的奇女子。

我拿過包包欣賞了一番，對於十萬多買個包包，我內心是非常心疼的，摸起來這手感也沒什麼太大區別啊。但我說出來的話卻是：「挺好看的，和你今天這身衣服特別配。」

我當然知道怎麼哄她開心。

「是吧，我也這麼認為。」她高興壞了。

很多人對買奢侈品的女生會進行習慣性的負面揣測，比如：「背名牌包幹嘛要坐公車，一定是假的！」「真有錢，又換了新款手機！」「每天IG上都在吃喝玩樂，一定是富二代吧？」「整天買買買，一定是找了乾爹！」

為什麼不能陽光一點呢？為什麼女生就不能憑實力買一款自己喜歡的包包呢？買大牌包包和認真學習、孝敬父母、勤儉節約並不衝突。

錢不是大風刮來的，是辛辛苦苦努力賺來的。比如我表姊，當年開模特培訓機構，也經歷了大大小小八十一難，才有了今天的成就。

表姊曾經說：「我喜歡的東西，從來不指望別人送給我，買得起就買，買不起就存錢買。我買得起五萬的包包，就不會因為三百的口紅而感動，沒感覺就是沒感覺，總不能裝喜歡吧。」

你看見的是一個包包，她看見的是一件武器。不是亮給誰看，而是告訴自己：總有一天，我眨眨眼就能把它買下來。

買它只是因為喜歡，這種喜歡和春天想去踏青、夏天想去游泳，秋天想去爬山、冬天想去打雪仗一樣，是一種內心感受。沒有什麼比用自己喜歡的東西、過自己喜歡的生活更幸福了。

買它的確有點貴，但是在自己承受範圍之內又有什麼不可以呢？買不喜歡、用不上的東西才真的是浪費。

買它還在於實用性，用來裝東西，大小剛好。無須額外地關心呵護，也不必過分地緊張和愛惜，東西是為人服務的，有了它能讓生活更精緻。生活如此美好，用一個漂亮的包包會更好。

一個成年人為自己的合法和合理的愛好買單，是輪不到任何外人說三道四和揣測評價的。

有的人買一個好包包、一雙好鞋、用一些貴的化妝品和護膚品，不是為了炫耀，而是滿足自己的需要。他們並不是包包只用愛馬仕，護膚只用ＳＫ-Ⅱ，他們是看中愛馬仕和香奈兒都歷史悠久，極具工藝性，而ＳＫ-Ⅱ和ＩＰＳＡ也各有各的特點。奢侈是一種符號，在此之前，它也是一種美學、一種生活方式、一種審美喜好的具象化。

那些對生活品質有要求的人，完全不需要用身外之物為自己壯膽，物品在他們眼裡，使用功能大於一切。高級或者昂貴只是其次，能滿足自己的需要才是首選。

某辯論節目有一期的辯論題目引起大家的熱烈討論——年紀輕輕「精緻窮」，我錯了嗎？

所謂「精緻窮」，就是在衣、食、住、行等方面，明明能力有限不能滿足心願，卻過分追求名牌，來展現自己很「精英」，生活有品質，追求有品位。

我不是辯論家，也沒有正反方的立場。我的立場是，「精緻」本來沒有什麼錯，錯就錯在有人偏要用實踐證明自己很窮，還假精緻。

人生中最貴的奢侈品，其實既不是愛馬仕，也不是香奈兒，而是「我買得起任何東西，錢不是我借的」。

物質從來不俗氣，只要它是用自己的汗水換來的，並且物盡其用。設定一個個目標，贏得一次次犒賞，這是對自己的獎勵，也是蛻變成更好自己的裝備升級。

任何外在的疊加都無法改變你，只會豐富你，而你自己精心挑選的任何一種美好，都意味著在探索無限可能，並成功開啟未知的一面。

雖然我沒有表姊那樣的能力和豪氣，但有時候也會在發薪水後，大手一揮買好幾件自己心儀已久的衣服或首飾。擁有它們時，內心的那種喜悅和滿足真的無法用言語來形容。

那不僅僅是一件冰冷的衣服，更是對自己奮鬥的認可，從「買不起」到「買得起」的過程，不只是輕飄飄的幾個字，也包含著一路走來的努力和成就感。

無法想像有一天，如果我每天拼命工作，卻不能用錢買那些能給我帶來快樂的東西，會有多失落！當生活變成麻木的生存，那努力工作、拼命掙錢的意義何在？

能夠用錢買來的快樂，反而是最容易獲得的快樂。你對別人付出感情，別人不一定會回報給你，但用錢換來的東西卻是明碼標價、實實在在的。只要還有想買的小東西，還有想吃的小零食，日子就一定過得下去。因為這是最簡單，肉眼可見，也最容易實現的小欲望。

女生為什麼喜歡買包包？這何止是一個包包那麼簡單，其實還傾注了對未來熱氣騰騰的期望。這是人生中的一個里程碑，是終於可以憑自己能力獲取優質生活的信號。

在不降低生活品質的前提下，把錢花得更有水準、更有效率

好友Mia又立目標了，為了實現歐洲七國遊計畫，她自動自發地減少消費。她從上個月開始規定自己每月只能花八千元，不是「唱衰」她，Mia立過的目標就沒有不倒的。

週末約她吃飯，聊起她的七國遊。

「一個月八千元，感受如何呢？」

「三個字，不開心。」

果然還是倒了。可是，八千元一個月確實有點難，這意味著除了日常開銷，稍微好一點的大餐都要繞道，超過五百塊的週末活動都需要思考，化妝品之類的安慰劑能免則免，鮮花之類提供幸福感和儀式感的東西必須說再見。

這種感受我體驗過。有段時間我迷戀記帳，給自己設定了每月消費額度，幾塊錢都要記錄下來，每次買東西都心算，生怕超出預算。

就像你為了減肥規定只喝蔬果汁，雖然知道堅持下去是會有收穫的，但每天的心情是

低落的，經常恍恍惚惚，有時恨不得要掀桌子。

後來發現，理想是花前月下，現實是花下月錢。總有東西非買不可，這個月的額度用完了，透支下個月吧，下個月少花點，結果每個月都透支下個月的錢。每次看見記帳本，一邊後悔，一邊想毀滅證據。好像不是在過日子，而是想著怎麼讓日子快點過去，簡直度日如年，堅持沒多久就放棄了。

一切以省錢為目的，反而會忘記賺錢的意義，這不叫勤儉持家，這叫虐待自己，這叫吝嗇。

真正的節約高手，是在不降低生活品質的前提下，把錢花得更有水準、更有效率。永遠在自己能力範圍之內，過自己想要的生活，而不是在能力範圍之外，為別人的營業額買單。

比如以前早飯在外面吃，現在早起二十分鐘，自己做；以前買衣服只認準幾個牌子，現在同樣材質的衣服，買沒那麼高知名度的牌子，或者只在打折季買衣服；以前每年要出國兩趟，現在改成一趟國內一趟國外，充分欣賞國內的美麗風景……

我從不建議人為了虛榮心去享受一些自己消費能力以外的東西，可也不贊同因為拮据便輕易減掉那些能帶給自己快樂的美好。可以有所取捨，但絕不能一味否定。

所謂最好，不是讓爸媽為昂貴的衣服買單，不是讓男友買下限量版的鞋子，而是在與世界的親密接觸裡，不斷思考和試錯，尋找自己的座標，在跌跌撞撞裡形成自己的「準則」，在摸爬滾打裡堅定自己的信念，用好奇心探索世界，在提升審美和品位的過程裡完善自我，在樂於開創和進化的實踐裡認識自我，直到和真實而舒服的自己相遇。

在自己承擔得起的情況下，請活得好一點，活得貴一點。

不是叫你活得虛榮，而是活得有品質。只有你把自己當成公主，別人才會為你戴上王冠。你可以是他一根棒棒糖就能逗笑的女孩，但也需要做到讓他願意用十座金山來換取你的歡笑，不是嗎？

如果是辛苦賺錢買到的包包，下雨時才不會忍心讓它淋濕，使用時會精心搭配衣服鞋子，每次用完後還會細心擦好放進櫃子裡。但如果是湊合買的便宜衣服呢？即便隨意坐在街邊沒人擦拭的椅子上，也不會感覺心痛。

花錢，從來都不是簡單的刷卡，更不是存摺上的數字又少了多少，而是一個人價值觀的體現。不管怎麼花，只要這筆錢花得能讓你感到物超所值，感到快樂，感到生活沒那麼苦了，哪怕這種快樂轉瞬即逝，哪怕苦味只是少了一點點，這筆錢都花得值得。

陳曉卿在圓桌派裡說過一句話：「又饞嘴，又不想胖，有一個很好的辦法，就是只吃好吃的東西。只要稍微有那麼一點兒不合口味，一點兒不動。」這話特別有道理，從側面證明了美味並不直接跟肥胖相關，貪吃才與它相關。所以是時候給享受美好事物正名了，盡情享受美好，並且只享受最美好。

你如何看待自己，是把自己當奢侈品，還是打折品，會決定別人怎麼對待你。

喜歡的漫畫爛尾，哪怕相伴很久都要趕緊放棄；綜藝節目追不完前兩集就是沒有緣分；幾年沒穿過的衣服，不要想著會再拿出來穿；曾經的朋友變得難以相處也別強求，不要覺得捨不得。不要被食之無味、棄之可惜的東西絆倒，人生真的很短，你值得享受最棒的東西。

人最有魅力的時候，就是能夠不在乎別人眼光，定義自己的精緻。能力以內，只要最好；能力以外，知道就好。

Chapter —— 02

憑運氣賺來的，早晚會因實力輸回去

相信運氣的人從不覺得自己的能力需要提高、
態度需要端正，而是認為這個世界永遠欠他們一個好運。
但人生的好運不會從天而降，
就算命中注定，也要自己去把它找出來。
努力與否，結果會很不一樣。

有人幫忙是幸運，沒人幫忙是公正的命運

今天Mia一見到我們就哭喪著臉說：「減肥餐都是騙人的，我都按要求吃了，怎麼還是胖了三公斤？」說完，還自暴自棄地拿起桌上的洋芋片瘋狂地往嘴裡塞。

作為最佳損友，我們要她細說自己的悲慘故事，她委屈巴巴地說：「定了減肥食譜，晚上不准攝入任何澱粉。結果每天晚上鍛煉之後都很餓，我就和自己說，少吃一口沒關係的，問題不大……然後每天晚上都吃些零食，結果就這樣了。」

我忍不住吐槽：「這和減肥餐有什麼關係，你不僅沒按要求吃，還吃得特別多。」

有些人怎麼就不明白呢，你並不是吃什麼都會胖的易胖體質，你是什麼都吃才這麼胖的貪吃體質。

「應該沒關係」或者「問題不大」，不知道害了多少人。僥倖心理人人都有，畢竟每個人都嘗過蒙混過關的甜頭。

電視劇經常出現這樣的情節：主角去公司面試，在路上幫助了一個人，那人恰巧就是要面試那家公司的老闆；主角扶起了一個垃圾桶，恰好被老闆看到了。就這樣，因為一個

小小的善舉，老闆對他印象深刻，明明沒達到公司的招聘要求，還是被破例錄取了，還受到重用，從此走上了人生巔峰……

醒醒吧，別做夢了。現實會告訴你：對不起，人生沒有那麼多奇蹟。

身邊有一位叔叔，十幾年如一日地堅持買彩券。

他經常說：「我都這麼大歲數了，一沒學歷，二沒本事，想要改變命運就得靠天降橫財。」

他相信只要自己堅持買，一定會中大獎，還經常妄想中獎後的生活：立刻辭職，環遊世界，買豪宅豪車。他甚至還擔心中獎後老婆要分他的獎金，思考過親戚朋友找他借錢該如何拒絕。

確實有這種說法：想要中大獎，你得先買張彩券。但是你總不能買完彩券就什麼也不幹，坐等中獎吧。

這些年，他做著一份月薪不到三萬的清閒工作，貼補家用已經很困難了，但他從來沒想著努力改變這一切，永遠把希望寄託在那張中獎概率幾乎為零的彩券上。

成功者喜歡把成功歸因於運氣，那是因為人家謙虛。命是弱者的藉口，運是強者的謙辭。別人說自己運氣怎麼怎麼好，那是人家把著眼點放在自己幸運的地方，沒把自己多慘多倒楣說出來而已。

有的人卻完全被「運氣好」迷惑了，習慣把自己的失敗歸結為運氣不好，把自己的成功寄託在奇蹟的發生。生活中確實有運氣，但真正聰明的作法是，你要看透好運的本質，去探求別人的方法、勇氣、思維方式、人格魅力。只相信好運這麼表層的要素，會錯過背後真正的寶藏。

比及格線高一分，不叫好運，壓根不用擔心自己會不會被當，這叫好運；第一名沒來面試，不叫好運，管他來不來，你都能面試上，這叫好運。

世界上存在冥冥之中的偶然性，但不能把決定權完全交給命運。

所謂好運，是你在風暴之前就未雨綢繆，而不是整天躺在沙發上吃著洋芋片，還等著天上掉餡餅。

一生中，路上撿到錢的好運發生過，踩到屎的霉運也發生過，可人生是去掉那個最高分再去掉那個最低分的平均分。

運氣是努力的附屬品，沒有經過實力的原始積累，給你運氣你也抓不住。

世界上根本沒有無須努力就成功的美事

世界上根本沒有無須努力就成功的美事，任何事都需要人們付出努力。順應天意和隨心所欲，根本是兩件完全不同的事。

我表姊經營模特公司這些年裡，有一個模特，她每次提起都很遺憾。

以我的觀察，模特大概可以分為兩種。第一種，似乎不被老天偏愛，入行很久才換來一絲名氣。因此，兢兢業業、如履薄冰是常態，生怕那一點好運會被突然收回。她們滿臉寫著不服輸，也隱隱表現出對命運的討好。因為知道得來不易，她們不太會表現出任性的一面。

而另一種，運氣奇佳，別人千辛萬苦才能得到的東西，她們一抬手就收歸己有。被偏愛太多年，因此有恃無恐，我行我素，不屑於討好任何人。

Judy屬於第二種。她的模特生涯短暫而富有戲劇性，前期被業界捧上天，後期又被踩在腳下，實力上演什麼是一手好牌打到稀爛。

Judy是表姊在一次校園模特大賽裡發現的，十九歲的Judy長相並不算出眾，但就是給人一種封面女郎的氣質。

表姊立刻簽下她成為公司模特，事實證明了表姊的眼光，Judy很快就受到了廣告商的青睞。

成功來得那麼自然，Judy產生了可以掌控命運的錯覺。每天的基本訓練和在鏡頭前凹造型，逐漸讓她產生了厭倦之意，她喜歡上了泡在酒吧裡醉生夢死的生活。

表姊勸她幾次，她從來都當耳邊風，還經常玩失蹤，害得表姊到處找她。後來Judy嫌表姊煩，提出和公司解約。表姊從別的同行那裡聽說，有一位老闆看中了她，要帶她去巴黎發展。

表姊瞭解那個老闆的為人，勸Judy考慮清楚，她在本地的發展會更好。可Judy鐵了心要離開，表姊沒辦法只能放她走。

結果不到半年，流言蜚語就傳出來了。有的說那個老闆根本就是在玩弄她，也有的說老闆太太發現了他們的關係，還當街打了她，老闆也假裝和她不熟……這種類似於電視劇情節的事情，誰也不知道真相是什麼。

但是，有一天Judy確實哭著來找我表姊幫忙，沒說具體原因，只說在這邊待不下去了，要離開。

表姊不忍心，給了她一筆錢。從此，Judy再也沒有回來，好像也沒在這個行業裡繼續發展。

表姊對Judy百轉千回的複雜情緒最終塵埃落定，難免留下一點遺憾。表姊不怪她當年的背叛，但哀其不知道珍惜，輕易用完了自己的好運氣。

人啊，總是要等到經歷之後才能明白：剎那的光輝不代表永恆。一兩年的時間就可以見證什麼叫從極盛到極衰。你看，運氣再好又如何，還不是一秒就打回原形。

出道就順風順水，備受優待，別人要費盡心機才能爬到的位置，她勾勾手指就得到了。這大概是所有好運的人最常見的人生狀態，因為太容易得到，哪怕是價值連城的珠寶，當事人扔起來也絲毫不心疼。

人生總是充滿悖論，沒失去過，便不會懂珍惜。那些一無所有的人，只要給他一點好，他就知足，因為「從無到有」的奇妙體驗足以讓人滿足；而什麼都有的人，擁有再多都無法滿足，因為總覺得人生終歸是「缺點什麼」。

Judy從來都不是懂得珍惜的女孩，這並不難理解，被寵壞的女孩最懂撒嬌和任性，只有一無所有的女孩才會知道珍惜。

那些和Judy同期出道的女生，雖然經歷了長時間的蟄伏，但是能堅持下來的也迎來了事業的小高峰，反而更加珍惜到手的工作機會。

她們是第一種人。沒有一鳴驚人的運氣，沒有任性的資本，更不敢和老天叫陣，命運安排她們向前，她們絕不敢退後，稍微有點資源，恨不得牢牢抓在手裡，因為知道屬於自己的運氣可能也就那麼一點。但也正是因為這點小心翼翼，這麼多年竟然孤身闖了過來。

這就是命運的玄妙之處，曾經運氣極佳的人，最終泯然眾人；而曾經一無所有的人，因為懂得珍惜，牢牢把握住稍縱即逝的機會，反倒柳暗花明。

靠自己努力成長比仰仗運氣要靠譜得多

我常去的一家餐廳叫「午間食堂」，主打午餐，裡面大多都是熟客，彼此都很熟悉。最近去那裡吃飯，都沒見到何嵐姐姐，她這麼長時間不出現絕對是少有的。

後來有一次看到何嵐姐姐的朋友，就問她。原來何嵐姐姐馬上要生二胎了，在家休養。她朋友還給我們看了何嵐姐姐的照片。發福的胖乎乎臉蛋，一點也不在乎孕期變胖的形象，沒有刻意的遮遮掩掩，依然笑靨如花。

這是即將步入四十歲，尤其是超級精幹的職場女強人才有的坦然。

說實話，我們看照片時一點都不坦然，還問她朋友，看人家私照是不是不太好啊。

她朋友說，沒關係，何嵐從不在乎這些。

以前也看過很多人的孕期照，都像是一張精心修飾的「人生贏家」的注解圖，除了肚子以外別的地方沒有一點改變，是刻意修飾的完美。

很多人會羨慕這種「刻意修飾」後的完美，把這樣的「完美」當作未來人生的憧憬。

我們看著何嵐姐姐的照片，特別為她開心。

李可怡說：「很多人是不會羨慕何嵐姐姐的人生的。」

我問她原因，她說：「因為她的人生看起來沒那麼完美，離婚又再婚，不符合童話式的美好結局。有些人表面看起來是新新人類，其實她們憧憬的愛情還是婚慶主持說出的話，比如，讓帥氣的新郎牽起美麗新娘的手，走過幸福的紅地毯，走向他們美滿的一生。」

我們差點笑出來，這是最近受了哪場婚禮的刺激嗎，怎麼能說出這麼真實的臺詞呢？

童話很美好，但也就是寫到「從此，王子和公主幸福地生活在一起」就戛然而止了；結婚誓言只是那一刻心中最神聖、最完美的承諾，但誓言沒有辦法維持生活，那些日後雞毛蒜皮的瑣碎日常不在童話裡，在實實在在的生活裡。

女生到了一定年齡，如果經濟獨立，有自己喜歡的事業，也經歷過一些挫折，或者是白眼，或者是嘲笑，都會放下一種幻想。就是不再相信一份工作能做一輩子，也不再相信愛情就像童話裡說的那樣，王子和公主永遠幸福地生活在一起。

確實有人一畢業就找到了心儀的工作，然後十幾年過得順風順水；也確實有人遇到的第一個男人就把自己視若珍寶，從此患難與共。但是能遇到這種事的概率似乎很小。反而更清醒地認識到幸福結局根本不是最終結局，它只代表一個階段的結束，下一個階段還需要更努力、更用心地經營。

一開始，我們都輕信於別人的「養」，最後更願意相信自己「賺」來的。身邊憑自己的能力買房子的女生越來越多，李可怡就剛給自己買了房子。好像突然有一天，女生都覺醒了。

一個很要好的男性朋友去年在群裡問我們：「為什麼你們都突然開始買房子了？」

李可怡回了一句：「我們只是不再相信生活能依靠僥倖。」

成長過程中的一個意外收穫是：我們不再執著於愛情和麵包究竟該選哪一個這種單選題，而是懂得了明天的麵包來自今天對麵粉的囤積。

何嵐姐姐的人生讓人欽佩，自己帶著孩子也能活出那種高級感和從容感，沒有把離婚當成世界末日，也沒說不再相信愛情。

她和現任老公高山在一次商界午餐會上相識，高山是某集團經理。兩個人可謂勢均力敵：他在市中心買了房子，她也有自己的獨立公寓；他說他晚上要接女兒放學，她說她也要接兒子。最後兩位同是單身的人交換了號碼，相約找個週末一起帶孩子出來玩。

特別平常的邂逅，沒有任何矯揉造作的狗血劇情，平淡得讓人羨慕。因為他們不再需要刻意修飾的完美，他們要的是真實而無憾，不需要多麼光鮮亮麗，也能活成一道光。

情感作家莊雅婷說過這樣一段話：「慢慢接受『沒有奇蹟』的設定，終於可享受平凡的豐盛；不再想著『放大招』讓人刮目相看，因為對自己到底什麼樣子已經有了清晰認定；最後你發現，如果始終不開心，那麼我們追逐的一切都毫無意義。」

沒有被好運青睞過也沒關係，不知道怎麼過好餘生也無所謂，起碼你要知道，自己沒有仰仗命運偷偷發來的快速通道卡，也從未奢求過。

也想過靠男人、靠運氣、靠別人的賞識，但後來你還是選擇相信自己。哪怕沒有逆襲，沒有躺贏，沒有活成行走的幸運星。你還是相信，靠自己努力成長比仰仗運氣要靠譜得多。

把幸運看得太重，就會把自己看輕。與「運氣」相比，「不靠運氣」更勵志。

運氣就是一筆糊塗賬，是一種偷懶式的感性判斷，最終，你既不知道自己是怎麼贏的，也不知道自己是怎麼輸的。而天生沒什麼運氣，就不必指望好運，只能一點點去經營、去完善。

當遇到不好的事情時，原因可能是不夠努力、判斷失誤、遇到小人、能力不足，那就缺啥補啥，跟霉運無關；當遇到好的事情時，原因可能是足夠努力、判斷精準、貴人相助、能力夠強，一分耕耘一分收穫，跟好運無關。

好運就像偶像，它存在、它美好，但你就是指望不上，不如不想；霉運就像時間，它流逝、它殘酷，但你完全無能為力，不如不管。

誰活在世上不是「好運不常伴，霉運組團來」呢？我覺得偶爾寄託運氣，買買彩券也挺好的，生活總需要一點驚喜、一點錦上添花。但是，當強大不是一種選擇，而是你必須要去走的一條路時，你會發現，根本不用寄託運氣，因為你自己就是運氣。

Chapter —— 03

願你有錢不俗，沒錢不奴

我們所熟悉的有限貧窮，本身並沒有那麼可怕，

即使「千金散盡」，也仍有機會「還複來」，

關鍵是保持樂觀，永遠不絕望。

好的東西懂得及時享受、分享，是一種魄力；

集中所有力量去爭取獲得更好生活的可能性，也是一種魄力。

事事如意料之外，年年有餘額不足

李可怡去年經歷了一段經濟上的「艱難時光」。付了房子頭期款之後，存摺裡只剩下四位數來支撐接下來一個月的生活。

如無意外，可以安全度過這個月，沒想到公司突然宣布培訓，關鍵是培訓費還要自己出。這次培訓對升職加薪很有幫助，她實在不想錯失。果斷繳了培訓費後，她徹底沒錢了，只好頓頓吃員工餐廳，更別說逛街買買買了，就連我們約她，她也是多次放鴿子。

李可怡上大學之後就很少向父母要生活費，長大的一個重要標誌就是不再和錢過不去，但也常常在錢上死要面子。好幾次李可怡想向爸媽暗示自己最近「手頭有點緊」，可最後還是把話咽了回去。我們多次表示要「江湖救急」，也被她斷然拒絕。

那段時間真是捉襟見肘，每天都為錢發愁，思來想去都是省錢小妙招，看上什麼都說不喜歡，其實是不敢喜歡。到了吃糠咽菜的程度，蒼蠅腿也是肉。

貧窮有一種魔力，可以在極短的時間內摧毀一個人原有的性格，形成另一種性格，叫「寒門性格」。最怕的不是你沒有反擊的決心，而是你長期為錢所困，打心底裡養成的

「寒門性格」。

「寒門性格」最大的壞處就是讓人不再相信美好。不相信美好的存在，也不相信它會來臨。它讓人貪婪又倉皇，膽小又狂妄，內心千瘡百孔，永遠驚恐萬狀，既享受不了好的東西，也分辨不了美的東西，只會喃喃自語「不都差不多嗎」。

比如遇見好吃的，會說：這有什麼好吃的，還不都是一個味道嗎？比如面對化妝品，會說：抹在臉上都差不多啊，看起來都一樣。比如看見新衣服，會說：這一季很快就過去了，沒有必要買那麼多……

「寒門性格」的人有一個共同的特徵，就是「危機意識」特別嚴重，很難快樂，所以活得特別務實，恨不得一塊錢掰成兩半花。

買東西以「實用」為主，不管好不好看，適不適合自己，只要便宜能用就行；擺件、裝飾等點綴生活情趣的用品很少在預算之內；男朋友送束鮮花就把他臭罵一頓：買這些做什麼，明天就凋謝了！

在一些小事上，以為自己占了便宜，實際上往往得不償失。

有一次，客戶給了李可怡兩張五星級飯店的自助餐券，她約了我一起去大吃大喝。

為了吃夠本，我們把自己餓成非洲難民。進入餐廳，我倆迅速投入戰鬥，由於我不吃生的，她自己拿著盤子在海鮮和貝類刺身區排了好幾次。我呢，在烤肉區流連忘返，蛋糕也拿了好幾盤，光拿吃的就二十多分鐘。

滿滿一桌子美味佳餚，我們吃了一個多小時，逐漸失去了戰鬥力，但是抱著「吃垮飯店」的信念，我們又死撐著繼續吃。

結果，沒吃垮飯店，自己卻吃倒了。因為吃了太多海鮮，還喝了冰飲料，李可怡回家就拉肚子了，後來發展成腸胃炎。我也沒好到哪裡去，由於吃得太猛，難受了好久。

我警告李可怡，下次吃自助餐不許找我。

李可怡也拖著病弱的身體檢討：「都怪之前窮了一陣子，沒吃什麼好東西，遇到好東西就想多吃，怕自己吃虧。」

我也要檢討，李可怡吃成那樣了，我不僅沒阻止她，還和她同流合污。都說成熟的標誌是吃自助餐再也不會吃撐了，我們怎麼就成熟不起來呢？

「貧窮」就像一塊烙鐵，會不知不覺間在我們身上烙下看不見的印記。

擁有「寒門性格」的人最難獲得的是快樂和自由，是內心真正的不卑不亢。活得廉價是「寒門性格」的絕症。

窮不再是活不下去，而是困，把自己困在狹小的世界裡，疲於奔命，卻始終動彈不得。一開始，這種困是現實，時間長了，卻彷彿變成了一種難以擺脫的習慣，即使有錢了，也始終無法擺脫困窘的內心。

窮太可怕了，它不僅困住了你的腳步，也困住了你的視野。可是窮又沒那麼可怕，只要身窮但不心窮，為生活找方法而不是為貧窮找藉口，總會有屬於你的機會。

手背朝下的時候，最能體會什麼叫無助

有些人對戀愛已沒有期待，只想安安靜靜地發財。脫單不如脫脂，脫脂不如脫貧。何以解憂？唯有暴富！網上有一個研究顯示，近八成人因為財務問題失眠。二十歲出頭的自我覺醒和掙扎，打開錢包就能找到。

對於大多數人來說，窮的定義不是吃不起飯、沒衣服穿，第二天就要去街頭賣藝，而

僅僅只是自覺活得處處不如人。

宿舍裡，你拿出雪芙蘭時，對方桌上的雅詩蘭黛擺了一排；當你還在抹曼秀雷敦的唇膏時，對方YSL的各種色號集滿了一個收納盒；你在某網站買的幾百塊的衣服，洗一次就變形了，對方的名牌小風衣，怎麼穿怎麼拉風。

你盤算著假日去哪裡玩，哪裡有漂亮的網美景觀；朋友早就直飛歐洲，開始了買買買和拍拍拍的日程。

上班要轉兩次捷運，每個月的房租高到讓你在一條裙子面前咬牙放棄；隔壁辦公室的女孩已經在父母的幫助下買房子了，也找到了另一份薪水更高的工作。

有人說貧富是主觀感受，和幸福感沒太大關係，窮就窮吧，精神富足最重要。但是當你看上的所有東西都買不起時，好貨不打折，欲望就得打折，失落感十分明顯，心理飽受摧殘，這時候恐怕就沒法用「精神勝利法」來安慰自己了。

想要一支口紅，無論讀多少心靈雞湯，也還是想要；想買一輛車，看多少佛經，也還是想買；當你聽到別人說「幾千元的眼霜不好用，明天用來擦腳」的時候，無論你看了多少雞湯，抄了多少佛經，也還是想罵人。

誰不想過理想的生活，年紀輕輕有房有車，輕輕鬆鬆就瘦成小模，真愛說來就來，工作離家近，薪水高。可事實上能獲得這樣人生的概率小之又小。

我們好像都得了一種缺錢病，要麼一夜暴富，要麼無限仇富。最怕你誤以為富豪明星的生活是常態，卻不知白手起家，一生富貴本就是小概率事件。再說，你怎麼知道富二代就一定活得輕鬆呢？

朋友Tina就是大家口中的富二代，從小就在國外讀書，但一點也不輕鬆。每天早上六點到晚上十二點，她大部分時間都在圖書館，根本沒有任何玩樂的機會。畢業之後也是自己找工作，四處碰壁。

這麼努力的一個女生，卻總是被人道德綁架。背了一個新款包包就被人說炫富，做了一次頭髮就被人說招搖。有時她特別委屈，好像大家都只看到了她的出身，而看不到她的努力。

Tina說別人都說富二代喜歡炫富，其實那是一種誤解，她真沒覺得自己多有錢。

不是一個圈子的人很難互相交流。你說「999是我用完一支還想買第二支的」，人家會問你皮炎很嚴重嗎；你說MAC哪個色號最好，人家會問你性能怎麼樣。說的都不是一個東西，根本聊不到一起去。

同一個圈子的，大家都差不多，必須要很努力，才能證明自己真的行。

富二代不是保護傘，反而是一個枷鎖。這個枷鎖上面刻著「你應該成為和父母一樣優秀厲害的人」。起點高，意味著摔下來時會更慘。都說「海闊憑魚躍，天高任鳥飛」，你怎麼知道不是海闊憑魚嗆，天高任鳥摔呢？

《奇葩說》辯手詹青雲說：「千萬不要以為疲憊生活和英雄夢想之間只隔著一夜暴富的距離，一夜暴富好短好快，讓我們以為夢想觸手可及，殊不知這才是世界上最遙遠的距離。」

仇富是最沒有出息的行為，因為窮是只能自我感知，不能互相理解的。窮是有差別的，有的人的窮，是口袋裡只有幾百塊，交不起下個月房租的窮；有的人的窮，是需要貸款買第二套房子的窮。窮的天差地別，你也理解不了，但人家說得沒錯啊，確實都是窮，沒毛病。

可怕的是有的人不再把窮當成可以改善的現狀，反而成了理直氣壯要脅別人的工具；不再把弱當成可以改進的缺點，反而成了攻擊別人優秀的武器。你窮沒人攔著，但別擋著別人富起來。

為什麼嫉妒？還不是因為嫉妒毫不費力，張嘴就是一頓怨天尤人。所謂見不得別人有錢，說到底就是自己懶，還想把別人拉下水。

把責任推給時代、推給世界，比勤奮自律容易多了。一個真正忙著變優秀的人，壓根沒時間嫉妒。

狄更斯的《雙城記》裡有一句話：「這是一個最好的時代，也是一個最壞的時代。」看似矛盾，卻隱藏著深意。世間萬物都有其兩面性，有的人跌入谷底也不放棄，不斷往上攀爬；有的人出身優越卻不懂珍惜，甚至揮霍無度，最後一步步墜入谷底。好與壞，貧窮與富貴無時不刻不在發生轉換，關鍵還是看我們怎麼對待。

真正讓「窮」變成不可逆轉的，是一個人沒有能力在後續漫長的道路上，降低它對自己的負面作用。過於強調原生家庭，強調窮困的影響，是比窮本身更加消磨意志的事。

自由並不高深莫測，賺一點錢就有一點歡喜

有時間吐槽別人為什麼比自己有錢，說別人怎麼為富不仁，還不如多想想怎麼讓自己變得有錢。抱怨與自我懷疑毫無意義，靠那些「暴富」的個例讓自己焦慮也沒什麼用。

每個人的條件都不一樣，但所有的收穫都是時間的玫瑰。你不能總是誇大那些特殊情況，然後用某種並不符合常規的標準自我否定。

沒錢對一個年輕人意味著什麼？從某種程度上來說，意味著「選擇少」。但這並不意味著你是一個失敗者，而是你需要與生活進行一次絕地求生的苦戰，需要延遲滿足，並且在這個延遲的過程中付出巨大的努力。

很多人被貧窮嚇怕了，拿「貧窮限制了我的想像」當不求上進的藉口。誰都知道想要更多的財富必須竭盡全力這個道理，可是有太多的人明明被沒錢逼得走投無路，卻還是一成不變地過著原來的生活。

貧窮就像一道陷阱，讓深陷其中的人無法逃離。儘管有逃出陷阱的梯子存在，但梯子並不總是放在正確的地方，更重要的是，很多人並不知道怎麼踏上梯子。

如果你連分析都不敢分析，嘗試都不敢嘗試，那麼你的人生注定只能這樣了，你窮的是你的思想。

真正的富有，不是說你口袋裡面有多少，而是說你心裡面有多少。《富爸爸窮爸爸》中，窮爸爸總是說：「我付不起。」富爸爸總是說：「我怎麼才能付得起它呢？」

沒有改變現實的勇氣，沒有理性分析問題的能力，沒有解決問題的決心，長此以往，你的世界只會越來越封閉，機會越來越少，能力越來越差，錢也越掙越少。

別總問喜歡的東西為什麼這麼貴，要問怎樣才能買得起。

談錢是一件很俗的事，可有時錢確實能給人生活的底氣。

大多數人到了一定年紀都逃避不了金錢的束縛與限制，別總在萬不得已時才開始重視金錢，那「慘澹的結局」其實從一開始就注定了，並不像你想的那樣，直到「中年」才遇到所謂的「中年危機」。

在年輕時認真思考金錢、重視金錢才是最優策略。

賺錢能治好一切矯情，努力賺錢的過程會滋養一個人。努力賺錢最直接的意義是什麼？就是告訴你如何在價格和價值之間做出選擇，也讓你看到世界上那些最好的東西，並激勵你持續奮鬥。

這不是奪取，也不是掠取，更不是用不當的手段獲取金錢、坑蒙拐騙，而是不斷發掘和提高核心能力，向市場交付成果，獲得認可，賺得報酬和驕傲的正向迴圈過程。

努力賺錢是為了什麼？是為了在某一天急需用錢的時候，能夠樂觀地說：「有錢真好啊。」而不是無奈地說：「有錢，就好了。」

人生有時候是矛盾的，並不是總能有那種堅持做自己就特別棒的時刻，大部分時間都是沉浸在浮躁的世界裡不斷地自我否定。然而，總有那麼一刻，遇到某件事，十分開心。這不就夠了嗎？

別人輕鬆月入百萬，在五星級飯店大快朵頤自助餐，你升職加薪，呼朋喚友在街邊喝酒慶祝慶祝，沒有哪種生活方式更幸福，能夠享受當下的生活最幸福。

我們所追求的美好生活根本不需要吟著詩走向遠方，手裡稍微有點錢，已然就是歲月靜好。

窮不是錯，也不丟臉，真正的窮是你在手無寸鐵時還目空一切、眼高手低；丟臉的是你費盡心思去滿足自己的虛榮心。最怕你只有登天的願望，卻沒有上天的實力，還怕苦怕累不願努力，只能自我安慰：「有錢也不一定快樂。」錢買不到快樂是假的，你那點錢買不到是真的。

錢並不總是那麼難賺，前提是你不要總帶著一張被社會欺負的臉，然後還沒出門就一臉敗相。所有的俗氣是你自己精神上的空白，與錢無關；所有的奴性是你自己心裡沒有底氣，與錢無怨。

有兩種價值觀：一種價值觀是戴著非常昂貴的手錶，好顯示出自己身價百倍；另一種價值觀是一塊不貴的手錶，因為被你戴過了，所以身價百倍。

價是用錢來衡量的，價值卻不是用錢能衡量的。有時候珠玉滿身也裹不住俗氣，有時候落魄也掩不住貴氣，奴性和傲氣不在頭等艙，只會在骨子裡。

你不用賺到富可敵國，但一定要有足夠多的錢，去抵禦那些潛在的風險和危機。拼命賺錢的樣子難免狼狽，但關鍵時刻能靠自己時，你才知道多有成就感。那不是點石成金的狂喜和幸運，而是一份聚沙成塔的踏實和安心。

願你有錢不俗，沒錢不奴。

Chapter —— 04

把一件事做到極致，勝過平庸地做一萬件事

這一生只夠在一個地方打一口井，

運氣好，才能遇到水，

運氣再好一些，你可以一輩子喝這口井裡的水。

要是這口井你都沒打透，

就去打下一口，結果只能是兩口井的水你都喝不到。

興趣不是一個人最好的老師，生存才是

我們總愛幻想自己的人生從頭再來就會不一樣，但現實往往與想像背道而馳，它從不缺少換一種模樣的荒謬。比如辭職，難保不是從一個坑掉進另一個坑。

表弟又辭職了，這是他今年第三次辭職了，理由和前兩次一樣：「沒興趣。」

他去年畢業後在一家大公司的技術部門當工程師，很忙，但薪水不低。一開始還挺喜歡的，但沒做幾個月就感覺無聊了。

他認為是公司的氣氛太壓抑了，於是辭職換了一家公司繼續當工程師，沒想到日子還是一樣無聊。最後，他總結：「可能我對工程師這個職業不感興趣，我要改行。」

家裡人都勸他：「你不是喜歡電腦嗎？畢業沒多長時間就換兩份工作了，要不再考慮一下吧？」

表弟態度非常堅決：「興趣才是最好的老師，我不喜歡這份工作，根本不可能做好，你們勸我也沒用。」

思前想後，他覺得遊戲開發應該很有意思，又符合自己的專業，就跑去遊戲開發公司

做程式設計。

結果不到一個月，他又斷定這不是他「感興趣」的工作，於是再次辭職，繼續尋找下一份「感興趣」的工作。

如果辭職能解決問題，很多人可能已經辭職一萬次了。辭職只是換了一個工作環境而已，但解決問題的方式、搞定麻煩的能力、幫你成事的夥伴，你一樣都沒得到提升。

「興趣變現」並不適用於每一個人，特別是年輕的時候，我們既沒有足夠的實力去實現自己的興趣，也沒有足夠的見識來判斷自己的選擇。這時如果只在意興趣，甚至把興趣作為工作的唯一標準，那就很容易掉進坑裡。

比如學生因一科成績不好，學得很痛苦，就覺得自己在這方面沒有興趣，於是乾脆放棄，那麼興趣就成了放棄的藉口。

比如上班族一邊想著做感興趣的事，一邊又消極怠工地去做那些不感興趣卻可以賺錢的工作，結果哪一頭都無法全心投入，興趣就成了平庸的藉口。

如果全憑興趣，任何事情都能輕易消耗掉你的滿腔熱情。

前段時間，吳雙雙招了一名助理，叫倩倩。倩倩在應聘時就表達了自己對律師行業的熱愛。

她說自己看完了所有法律題材的電視劇，對律師行業產生了濃厚的興趣。吳雙雙也很高興，倩倩熱情飽滿的幹勁多麼像當年的自己。

剛開始，倩倩工作熱情奇高——看卷宗、研究案例、跟著吳雙雙出去收集資料，有突發狀況也隨傳隨到，從不嫌累。可沒過多久，吳雙雙發現倩倩越來越沒精神了，總是敷衍了事。

細聊之下，才知道倩倩累積了很多不滿。最主要的不滿，源於沒有機會和其他律師唇槍舌劍。還有一些零零碎碎的煩惱，比如不滿意自己不能直接和當事人對接，不滿意總是打雜，沒有機會獨立辦案。

說到最後，倩倩有點委屈，還淚眼婆娑地說想辭職，認為自己不適合當律師。

吳雙雙頭都大了，現在的年輕人怎麼了？剛一入行就想獨立作業！律師資格證都沒有呢，怎麼和其他律師唇槍舌劍？

怎麼說呢，倩倩就是太把興趣當回事了。起初激情澎湃，全拜興趣所賜，而她的興趣又異常脆弱，不過是看了幾部電視劇，用自以為是的想像把職業進行了包裝。真到了職場，只會不停地去印證現實和想像是否吻合，一味地對工作進行「索取」。

大部分人都對工作抱有完美的幻想，把興趣擺在頭版頭條的位置，再自戴一副「三六〇度無死角挑剔眼鏡」，幻想自己每天光鮮亮麗，輕易就能在工作上如魚得水。一旦接觸到現實，馬上被落差感吞噬，理想的工作有多豐滿，現實的工作就有多骨感。

興趣和工作是相輔相成的，不是簡單的因果關係。有人說，我之所以對現在的工作提不起勁，都是因為我的興趣根本不在這。但事實是，當興趣變成了工作，大部分人在經過最開始的激情後，都熬不過那個厭倦期。

興趣要能做到擅長，難度很大；而只有擅長，才能創造出工作的價值，讓你過上有品質的生活。

有人說，對於興趣愛好，只要花費二十%的精力，就能夠獲得八十%的成就，很容易就能獲得自我滿足感、成就感和存在感。但是把興趣發展成事業，是需要花費足夠多的精力才能有所成就的。

很多人容易陷入一種閉環：做的工作不喜歡，所以敷衍了事、隨便應付，然後工作成果不好，又把原因歸結到自己沒能做真正喜歡的工作上；或者剛開始喜歡，到了厭倦期又沒了興趣，不願付出努力，開始敷衍……這個閉環，都是人主動繞進去的。

因為你總是淺嘗輒止，沒有深入瞭解過，是難以獲得價值感和成就感的，這樣不可能產生真正持久的興趣。低級的欲望，通過放縱就可獲得；高級的欲望，通過自律方可獲得；頂級的欲望，通過煎熬才可獲得。工作同樣如此，熬過去了，你才能贏。

踏踏實實工作和一筆一筆清晰可見的入帳，才是生活最大的安全感。在工作這件事上，可以有「我喜歡」的任性，可以有遠大的夢想和高尚的追求，但首先你要能承擔起自己的生活。

真正能讓一個人成長的事，永遠不會太好玩

現在流行跨界，斜槓人生，意思是一些人本來已經在自己熟悉的領域做得有聲有色了，又在興趣和熱愛的引導下，投入第二、第三，甚至第四領域。

但要過斜槓人生的前提必須是，優勢明顯，有實力。最好先做好本職工作，否則容易

大失敗。

我初中的一個同學，喜歡玩爵士鼓，為了給他圓夢，家裡燒了不少錢，買樂器、補習，考上了一所音樂學校，畢業後，走過不少彎路，最後和別人組樂隊，但是表演機會很少。

組樂隊一年後，他突然說要轉行，要出國留學。家裡又為他賣了一套房子，送到國外去學金融。出國兩年，金融學不下去了，又轉了專業，改學聲樂。

年初同學聚會，一個和他熟悉的同學聊起他，在國外幾年了，還沒畢業。從大學到現在，總能見到他在自己的社交帳號裡炫不同的技能。

最近他在社交帳號上傳了自己錄製的音樂作品，說打算把自己的愛好培養成副業。但傳了幾首歌之後，又銷聲匿跡了。

有的同學羨慕說：「有錢人就是好，想幹什麼就幹什麼。」

這有什麼好羨慕的，這是非常明顯的把一手好牌打得稀爛。表面上看，他經歷過很多不同類型的訓練，既有音樂的藝術積累，又掌握了金融方面的知識。平時愛好廣泛，給自己貼上跨界、斜槓青年的標籤。但真要把哪一個單獨拎出來，沒有能拿得出手的。

每個行業都有兩種人：一種專注於本職，把一項技能修煉到爐火純青；一種多元化發展，讓各項技能和資源之間互相補足。技多不壓身，前提是每一個「技」本身都要足夠專業，否則你就是在玩票。

我佩服那些真正的跨界人士，本職工作優秀，還能堅持把一項興趣愛好做到極致。有的人看似和你一樣擠捷運、每天早出晚歸，社交帳號上也不過是一個月發幾條讀書感想或者財經新聞，然而在你下班回家躺床上看劇時，他卻在另一個領域積累下了你難以想像的資本。

這種人可怕的地方就在於，他們能夠把對一個領域熱戀型的「喜歡」，變成細水長流的堅持和一絲不苟的專業。

這個世界好像就是有一些人，做什麼都能成功。微信之父張小龍對高爾夫球感興趣，經過七年的努力，成功奪冠；人生仿佛開了掛的韓寒，不斷拿賽車冠軍，不斷出新書，電影票房過十億成為知名導演；謝霆鋒除了是歌手、演員、音樂製作人、廚師，更是著名影視後期特效公司的創始人。

專業和業餘最大的區別是什麼？專業的人看結果，業餘的人看過程。

前者的生活有些枯燥無趣，後者的日子看似充滿樂趣。可是，後者讓你在瑣碎的小歡樂裡不斷沉淪，最後忘記了大目標。就像在籃球場上，專業人士永遠在默默投籃，業餘選手永遠一窩蜂似的嚷著趕緊打比賽。

要建立副業，想完美跨界，並不是把一百分的精力分成兩份或三份就能實現的，而是要把原來只有一百分的精力變成兩百分甚至更多，才能做到各個領域都能兼顧和保持精進。

真正能讓一個人成長的事，永遠不會太好玩。想要實現跨界，就得付出更多的努力，不是一句簡單的「感興趣」就能做到的。

每個人的生活方式都不同，你喜歡輕鬆好玩的，沒問題。但有時候，不能對「興趣」抱有太多執念，因為沒有哪一種優秀來得輕鬆寫意。

從興趣到職業，中間必定要經過漫長而又艱辛的過程。判斷自己是否要把興趣當成事業，有一個簡單的標準：為了你喜歡的事情，你付出過多少努力？

你喜歡什麼，不是最重要的；你為喜歡的事情做了什麼，才最重要。

跨界、斜槓人生是一件「高手」才能做的事。只有先做好一件事，再做好另一件事的可能性才會更大。

每個人都有自己最擅長的一面，當你想嘗試一個新領域時，不妨想想原有的能力是否可以進行遷移。從厲害的地方出發，拆分出技能和才幹，把它們遷移到新的領域，才有事半功倍的結果。

沒有一個真正的高手是突然厲害起來的，沒有一個人能夠隨便跨界成功，所有跨界成功都絕非偶然。真正的跨界，始於興趣，終於堅持。

用極致的精簡和專注去做好關鍵的事

如果一個演員，全程演技讓人沒有代入感，你還會耐著性子看完整部劇嗎？如果你的照片被攝影師修圖修得判若兩人，下次你還會找他拍照嗎？任何一個行業，最後在意的都是專業和態度。

你今天的好運，不過是無數個昨天的堅守和專業塑造的。努力和運氣固然重要，但只有專業才會讓你走得更遠。

歌手李健說過：「你的身份是一個歌手，作品是你唯一的名片，還是讓人們先喜歡你的歌，再逐漸對你有好感吧。如果你人比歌紅，那一定不太對。」同樣，演員演技不達標，超模臺步走不穩，鋼琴家彈不好琴，也一定不太對。

自我定位很重要，什麼叫自我定位？就是找到你最有價值的地方。說白了，就是找到你的最強項。就像聊天就會想起LINE，買東西就會打開蝦皮，叫外賣就會打開UBER EAT，這些已經在我們腦袋裡形成了思維定式。

做人也一樣，在自己強大到所向披靡之前，必須有一樣拿得出手的技能，那項技能是別人可以尊稱你為「專業」的。如果你連一項專業都做不到，就沒有人會相信你能做到好幾項專業。

辦公室之前來了一個實習生，做事特別認真積極，給他布置什麼任務，他都勤勤懇懇地幫你做。不僅是工作，生活上他也是這樣的人，無論做什麼都特別認真。可是這麼認真辛苦地做事，他的工作卻並不順利。

我問他：「有必要事事都這麼一絲不苟嗎？」

他跟我說：「沒辦法，我就是這樣的人啊。」

認真是優點，但分不清主次的認真存在缺陷，分清什麼東西值得全力付出比凡事都不計回報地投入更重要。

精力太分散，哪個都不能頂尖，哪個都做得平庸，最後反而做了大量無用功。就像考卷看錯了題目，明明應該做單選的，你卻都做了多選題。你以為正確的選項都選上了，實際上一分都得不到。凡事不加分辨地用盡全力，結果只會竹籃打水——一場空。

那些讓你有所成的，從來不是「興趣帶來的喜歡」，而是「擅長帶來的成就感」。正是這一點小小的認知差別，導致那些只靠興趣，卻從來不關注成就感的人，最後都失敗了。

這世上肯定有一些人，在多個領域都特別優秀，但是絕對鳳毛麟角。對於大部分人來說，專注地在一個領域投入，肯定比分散投入更容易成功。

很多人都認為自己身懷絕技，期待著一鳴驚人，瞧不上小事情。但細節決定成敗，你只有把小事情做精湛，才有可能把大任務完成。

這個世界從來不缺少聰明的人，也不缺少能做事的人，缺的是能把每一件事做到極致的人。

人這一生只夠在一個地方打一口井，運氣好，才能遇到水，運氣再好一些，你可以一輩子喝這口井裡的水。要是這口井你都沒打透，就去打下一口，結果只能是兩口井的水你都喝不到。

在眾多的人生選項裡，肯定有一些選項是特別想做的，但你主觀上會覺得要達到它們非要有前面的一二三四個步驟；或者以時機不到，沒有充分準備來搪塞，然後把其他的事情作為目標，結果越走越繞，甚至忘了最初的目的。

化繁為簡，不是說確定了目標就追求一步登天，而是有了確定目標後，凡事都應該以此目標為核心，篩掉所有不直接相關的事，用最簡單的方法到達終點。

美國作家加里．凱勒的《最重要的事只有一件》中有一句話：「我們不是時間太少，事情太多，而是一直暗示自己要同時做更多的事。」

在充滿誘惑的時代裡，專注做好一件事越來越難，但也越來越可貴。真正厲害的人，能心無旁騖，用一生做好一件事。他們不會為了每件事情去耗費精力，而是用極致的精簡和專注去做好關鍵的事。

在能力範圍內發揮創造力，在能力範圍外保持學習力，無非就是四個字：精益求精。這正應了那句話：只有偏執狂，才能創造卓越。

人生也是如此，你若不是對成長有著絕對偏執，怎麼能撐起自己的淩雲壯志？慣於在熟悉的領域追求最大突破，才能不斷在穩定中製造驚喜。

Chapter —— 05

願世間美好
與你環環相扣

你是可愛的，才會有人愛你；

你是美好的，世界才會美好。

做一個圓心，與世界和平相處，

既不征服也不討好，就是理想的生活。

嘴上即使再會撒謊，內心也無法背叛眞實

我是一個慢熱的人，這件事我很早就知道了。

如果要追溯的話，可以追溯到上幼稚園的時候。因為父母溺愛，捨不得送我去幼稚園，我比別的小朋友晚去了幾個月。

去幼稚園的第一天，還沒等我把椅子坐熱，體操時間就到了。三四歲的孩子，很少有能跟得上拍子的，反正都在亂比畫，老師也不太在意。

然而我，一個特立獨行的存在，低著頭一動不動地站在那兒。老師看不過眼，過來幫我擺弄著雙手，還非常耐心地告訴我別緊張，慢慢學就會了。

我呢，任它東西南北風，我自巍然不動。你愛擺弄就擺弄吧，反正主觀上我是不情願的。

有的人不相信別人會把幼稚園的事都記得清清楚楚，因為他們不知道，別人會從過去的回憶中找尋蛛絲馬跡，來證明自己如何成為現在的自己。

後來上了小學，情況也沒有好轉，下課大家圍在一起八卦，我也圍著，但很少說話；

畢業剛去報社實習，我又習慣性不出聲，把自己打造成邊緣人；在電梯裡遇到熟人，就假裝看手機，其實根本沒網路。

害怕接電話，害怕面對面聊天，害怕突如其來的客套話。每次換到一個新環境，我都有一段漫長的適應期。那些「局外人」般的瞬間，看似處之泰然，其實內心非常慌亂。碰上不熟的人，難免被貼上標籤：這個人還真是內向啊。可我在熟人那裡，分明就是外向啊。

如果可以，誰想內向啊。巴不得在每個場合、每次相處，都能打破那層隔膜，隨心所欲做自己。

慶幸的是，身邊朋友大多是自來熟。他們性格外放，樂於聊天，喜歡表達和分享。聚會、交際、出遊，人再多、再多生面孔，也很少冷場。

有一次，吳雙雙說要帶我參加一個木藝班，說好聽的就是自己動手做木制工藝品，說白了就是玩木頭。

我第一反應就是不想去，我跟她說，以前也參加過一個什麼分享會，結果每個人都要發言談談自己的感受，沒輪到我就開始緊張，發完言之後手心都是汗，這種感覺很不自在，我不想再有第二次。

吳雙雙向我保證絕對不會發生這種情況，我勉為其難地跟她去了。

結果，還真是不虛此行，幾十坪的房間裡，大家各自在工作臺上刨著木頭，誰也不打擾誰，這樣的環境讓人特別安心。

「你怎麼找到這麼好的地方的？」我問。

「平時打官司壓力挺大，同事推薦我來的，來了一次就上癮了。」

「真好啊，我也喜歡。」我發自內心地說。

「就知道你會喜歡，我什麼時候坑過你！」

「我是不是挺沒用的，怎麼也學不會和外界打交道……」

吳雙雙笑著說：「別瞎想，放鬆點，這不挺好的嗎！別忘了，因為你是你，我們才能成為朋友，不是嗎？」

我當時特別想給她一個擁抱，結果她嫌我手髒，無情地推開了我。只有真正的朋友才會把喜歡與嫌棄都表達得那麼直接，而那些藏著掖著、假意迎合的關係只會讓人不自在。道不同，吃多少頓飯都沒用。

我天生不愛跟很多人玩在一起，只跟真心朋友掏心掏肺。遇到合脾氣的，瞬間變成人來瘋；如果不是一路人，就懶得應酬。這世上很多東西由不得我們自己選，但朋友例外。於是長大後我們都有兩張臉，一張冷漠克制，一張瘋瘋癲癲。

人和人的相處需要一種剛剛好的狀態，你接受真實的對方，對方也接受真實的你。如果所見之人和所做之事讓你想要靠近一點點，那就試著接近，表達真實的自己；如果很反感，也別強迫自己改變性格，別用「急功近利」為代價去鑽營社交，別昧心學習那些阿諛奉承的話術。

的確有人面對任何陌生環境都能面不改色，但大部分人在面對自己不熟悉的環境時都會惶恐不安、驚慌失措。比起一味抱怨為什麼有那麼多推不掉的飯局，為什麼融入不了圈子，不如守住自己的步調。慢熱沒什麼不好，無須逃避與旁觀，學不會巧舌圓滑，真誠相待勝過一切套路。

成長到一定階段後便會懂得，唯有對自己誠實，自身才能矜貴。誠實既是一種品質，又是一種選擇。承認傷害比故作愉快要高級很多，坦露狼狽比佯裝姿態更令人敬佩。姿態是骨子裡的東西，無法假裝也改變不了。若真活得辛苦，瞞都瞞不住。

若不擅長交談，那就做一個傾聽者；若不習慣熱鬧，那就專注做事。既然性格硬拗不了，就別強求自己八面玲瓏。

就像電影《志明與春嬌》裡那句臺詞：「有些事不用在一天之內做完，我們又不趕時間。」

與世界達不達成和解真的無所謂，能做就是能做，不能做就是不能做，想要就是想要，不想要就是不想要，而喜歡就是喜歡，不喜歡也假裝不了。嘴上即使再會撒謊，內心也無法背叛真實。

做好你自己，多的別去問

「慢熱」這個問題一度讓我很焦慮，有心改變，無力實踐。但是這個時代有誰不焦慮呢？我們每天都在各種焦慮裡無法自拔，難受、苦悶、迷茫、慌張，有些苦說不出口，說出口別人也不理解。

比如工作不順心，別人勸你去做喜歡的工作，誰都知道要做喜歡的工作，可生活有時很無奈，由不得你挑剔，你要生活，要養活自己，就要去做很多你不願意去做的事。

至於如何擺脫焦慮？答案要讓你失望了，根本不可能擺脫。

曾經看到一句話：「一個人可以默默無聞地活在世界上，完全不被人知道，沒有名氣、野心和欲望。如果一個人不認為自己有多麼重要，他可以活得非常快樂。」那一刻，突然釋懷了很多。

有時候人走得越遠，越不知道什麼是自己真正喜歡的東西，反而忘記了自己的初衷。

年少時，一杯奶茶就會讓你欣喜若狂，長大後卻總是喊著不夠不夠；年少時，可以很單純地喜歡一個人，長大後，愛會衍生出很多東西，有嫉妒、有惶恐，還有吃醋。「得失心」太重的人，都沒那麼開心了。得到的那一刻，還來不及開心，就開始盯著別人手裡更好的東西，越活越累。你擔心的不是得不到，而是得到的沒有別人的好。

很多人，包括我自己，總是活得很「不快樂」。生活不是想要的生活，自己也不是想成為的自己。可細細想來，這些不快樂裡很多都是不必要的。譬如父母的期望、親友的壓力，以及那些毫無必要的和別人的對比。

大李買房子了，小劉換車了，高中同學結婚了，閨蜜生二胎了，比你小的同事升職了，同事的老公帶她出國旅遊了，朋友都更補償金給了不少，A又買了一套限量版口紅，B的新包包抵你好幾個月的薪水……

可是，這些和你有什麼關係呢？

沒有誰被誰甩在了後面，只是人生的節奏不同罷了。強行與人對比，九十分的你也會變成六十分。

外界的聲音都是參考，你不開心，就不需要參考。要想過舒服的日子，耳根要清靜，眼裡要看自己，別拿自己跟別人比較。有時候，你那麼努力就是不如別人隨便搞一搞，那你努力難道就沒意義了嗎？你比過去的自己變得好一些就夠了。

努力只是自己一個人的事，這些年你的父母、你的家庭，因為你的努力變好了多少，這就是你努力有用的地方。今天比昨天好一點，或者今年比去年好一點，這就很好了。

老看著別人的成就感慨、羡慕，那是給自己找不愉快。生活如此艱難，如果再在心裡暗暗「鄙視」自己，那也太慘了吧。有那個時間，不如多賺點錢。

焦慮，它很頑皮，你越是反抗，它越折磨你，可是突然有一天，你接受它了，它反而變得溫順而可愛。

當你放棄和別人較勁，只是做好手頭的工作；當你放棄逼自己，只是把每一件小事按時完成；當你放棄對結果的硬性要求，只是盡全力享受每一個環節；或者只是不再假裝努力混日子，而是專心研究喜歡的東西；或者在枯燥的生活裡找一點小樂子，只關心柴米油鹽和愛的人，好像也沒那麼焦慮了。

做好你自己，多的別去問。忠於自己並不意味著剛愎自用，也不意味著固執己見。只是在你做決定時，多去想一想：這真是你想要的嗎？還是因為別人有，所以自己就想要了？或者是因為別人不要，所以你就覺得沒有意義了？

心理學家羅洛．梅說：「生活在一個焦慮時代的少數幸事之一，就是我們不得不去重新認識自己。」

不要讓外人的目光成為你的牽絆，也不要讓世俗的定義成為你的負擔。不是說非得特立獨行，只是你要知道，這些不該是你衡量價值的砝碼。

我們都曾渴望衣錦還鄉，一生看遍四季美景，到最後才發現最大的成就，無非是順應內心而活。不要總去看別人，要多看自己。你的人生已經很精彩了，真的沒必要無懈可擊。

世間美好是與你環環相扣的

朋友阿芝前兩天剛過完二十九歲生日，相比於去年過生日時對年齡漸長的那種慌張感和恐懼感，今年的她顯得特別坦然和從容。

對於女孩來說，「年齡」永遠是一個敏感話題。隨著年齡的增長，很多人的活法從歲月靜好變成了歲月驚慌。

阿芝去年和相戀三年的男友分手，剛分手時，失眠、爆痘痘，最難過時甚至也曾做過哭著求對方復合的蠢事。

但生活不會給你太多時間崩潰，總有一個時刻，你會一下子醒悟過來。比如前男友的現任女友發來的一張他們的親密合照。

工作也不順，她索性跳槽。想著情場失意，那就在職場得意一次，結果新工作做了一年多，一直沒有進展，前路迷茫更讓人抓狂。

有的人因為危機一蹶不振，有的人卻逆風翻盤，化危機為轉機。總是要等到被現實打醒後，才學會要為自己負責。

看清了生活的真相後，阿芝迅速進入「升級打怪」的新模式，努力工作、努力賺錢、努力實現願望。

人們總說越長大越慌張，這不準確，長大會給你一種底氣，不管遇到什麼糟心的事，想想過去經歷的種種，就會覺得眼前的這點挫折沒什麼可怕的，彷彿還能和生活大戰一百回合。

就像加繆說的：「我並不期待人生可以過得很順利，但我希望碰到人生難關的時候，自己可以是它的對手。」

在阿芝看來，對理想生活的強烈渴望，遠遠超過了對失去現有生活的恐懼。她清楚自己的斤兩，不談夢想，只有目標。一旦明確目標，就步步推進。

有一次為了拿一個零食的代理權，她特意飛到日本，找那家公司的社長商量，但遭到了拒絕。

換作以前的她肯定就算了，若是繼續堅持，只會搞得大家尷尬。但是現在，不到最後一刻，她堅決不放棄。

接下來的兩個星期裡，她想盡辦法出現在對方社長參加的活動，還熬夜苦練了日語。後來，對方社長主動聯繫她，聽了她的方案後立刻簽了合約。

年少的「我要」帶著青春的張揚，長大後的「我要」帶著沉穩的篤定。

慢慢地，你會開始享受長大這件事，就像女作家水木丁說的那樣：「喜歡什麼人，就找個合適的方法向他問清楚；喜歡什麼工作就努力去爭取；做了後悔的決定，就大言不慚地走回去跟人家說，我後悔了，可不可以再給我一次機會？」

以前覺得愛情是成為更好的自己，才會遇見更好的人，現在覺得，愛情無所謂好與不好，愛情是一件自然的事情；以前認為年輕人就要拼命加班到深夜，現在只覺得那是工作效率低；以前時刻都有一種慌張感逼迫自己變得更好，現在卻多了一份淡定從容，因為根本沒時間慌張。

年齡早已不是你人生中的大問題，因為成長過程中經歷的種種會給你的人生畫下更深的刻度。你經歷的事、事後的反思、反思之後藏在心底的能量，會幫助你成長。

《瓦爾登湖》中寫道：「把一切不屬於你的與你無干的人事剔除得乾淨俐落，把唯一屬於你的做到盡善盡美，再無多慮，這已是優秀。」

世間美好與你環環相扣。你脫離了庸人的設定，生活必定充滿詩情畫意；你執著於理想的追求，未來也必會受到機遇的垂青。沒有很高的EQ，沒有圓滑的處世，遇到傻瓜會暴怒，遇到挫折會氣餒，學不會阿諛諂媚，也學不會拍馬屁，可你待人真誠，明辨是非，懂得感恩，問心無愧。

你明白自己的需求，也清楚自己的斤兩；你認可自己的強悍，也承認自己的軟弱。你還是一直懷抱著夢想，努力過得更好，但也接受人力無法到達的極限，坦然面對命運。不論什麼時候，享受生活美好的部分，不放棄，也不怨天尤人。

德國作家于爾克．舒比格寫過一本書叫《當世界年紀還小的時候》。在那本書的最後，有這樣一個我特別喜歡又餘味無窮的結尾：

「洋蔥、蘿蔔和番茄，不相信世界上有南瓜這種東西。它們認為那是一種空想。南瓜不說話，默默地成長著。」

你無法做一個人人都喜歡的南瓜，因為別人愛吃洋蔥、蘿蔔和番茄，那不是你的錯；

你無法做一個人人都喜歡的南瓜，你只能努力去成為最好的一個。

很多時候，事情並非想像的那麼糟，只要你不放棄，繼續努力，遲早會有人在收穫的季節裡發現你這顆可愛的果實。

Chapter —— 06

如果沒有清醒的頭腦，美貌就是一種累贅

沒有歲月從不敗美人這回事，

除非你的美，連歲月也拿不走。

這世界相信的美貌是以能力為基礎的才貌雙全，

而不是僅僅是好看。

生活遠沒有想像中那麼憐香惜玉

你以為這個世界只欺負長得不好看的人？其實，這個世界對長得好看的人的惡意一點都不少。請放心，生活有一種一視同仁的殘酷。

《杜拉拉升職記》和《北京女子圖鑒》裡那種靠著美貌在職場一步登天的故事，也許只有電視劇裡才有。現實中，很多人見到太好看的人的第一反應，是覺得這個人不值得信任。

朋友吳老師不僅舞跳得好，還長著天使般的面孔。她自己開了一間舞蹈教室，要說開舞蹈教室的初衷，竟然是被逼得沒辦法才開的。

畢業後，吳老師就投身舞蹈事業，先應聘到一所藝術學院教舞蹈。學校師資力量有限，沒辦法提供演出機會讓學生實踐。

吳老師年輕又有責任心，自己私底下聯繫、尋找贊助，希望給學生們更多的演出機會。

好不容易找到幾家有興趣的贊助商，本來談得好好的，沒想到深更半夜收到幾個騷擾電話，原來人家感興趣的不是舞蹈，而是她本人。吳老師很氣憤，也很委屈。

美貌有時會被誤解，甚至是曲解。在外面受了委屈，沒想到學校也不消停。吳老師這邊忙得焦頭爛額，學校那邊卻傳出了流言蜚語。

有的同事說她是狐狸精，到處勾引成功男士，還把她去領導辦公室彙報工作的場景描述得相當不堪，說關起門來誰也不知道發生了什麼事。有好心前輩還特意來提醒她，女孩子一定要愛惜自己。吳老師差點委屈得哭出來。

好看又有能力的人的確會遇到很多便利，但同時也會被冠以無端的惡意。

「她長得這麼好看，一定沒什麼本事。」「打扮得這麼漂亮，肯定是想勾引男上司。」「年輕又有錢，應該是被包養的吧？」

年輕漂亮的女孩，並非像傳說中那樣總是受到更多的眷顧，反而因為美貌成了被誹謗的受害者。她們也許要更加努力、更小心翼翼地做人，才能得到同等對待。

人人都知道以貌取人是膚淺的，但在見到好看的人時，卻又偏偏把以貌取人當成一件理所當然的事。

亦舒也說過：「美貌十分膚淺，如果真的那麼膚淺，為什麼大多數人看不穿它？」

我們比任何時候都更堅信這是一個看臉的世界，但難免走入另一個極端，對美貌無限的推崇背後，是在弱化對實力的看重。這種思想帶來的惡果是，人們只會把好看的人作為欣賞的花瓶，而不是真正的實力派。

「顏值即正義」這句話流行了很久，但也沒見誰真的靠臉改變了命運。生活遠沒有想像中那麼憐香惜玉。除了看臉，它還看能力，看EQ，看經濟，看家世……如果你覺得自己的人生還不夠成功，要思考的因素很多，不能簡單地歸結為「我不夠漂亮」。

你只看到那些「盛世美顏」在職場、演藝圈、豪門中混得風生水起，但她們付出的努力和艱辛你根本無法想像。

美貌是第一印象，但不是最後的印象。它是一種展現，不是一種迎合，更不是一種債務。把自己的價值全然寄託在外界的價值體系上，收穫的快樂會很短暫，不安就會變成常態。

不是說美貌不重要，而是說最終決定一個人成就的，還是你的品格和腦子。美與醜沒有統一的標準，美到一定程度，很容易讓人覺得你只有美，而忽略了你的其他特點。你要像展示美貌一樣展示你的實力，這樣才不會被無端輕視。

美貌也會是把雙刃劍

這個世界上，有因美貌被誤解的人，自然也有因美貌獲優待的人。大美女如果沒有清醒的頭腦，美貌就是一種累贅、雙刃劍。

有一天，我去「午間食堂」吃飯，看見何嵐姐姐和一個女孩聊天，我不想打擾她，就在一邊坐著，但是何嵐姐姐看見我了，就招呼我過去。

我走過去時，看到何嵐姐姐拿出一款手提包，一看就不便宜。女孩很高興，拿著包包高高興興地走了。

看我一臉茫然，何嵐姐姐一臉壞笑地說：「是給我小間諜的獎勵。」

這裡有故事啊，我忙向她打聽。

何嵐姐姐和她的老公高山都有自己的公司，平時各有各的忙碌，很少去對方公司。何嵐姐姐懷孕之後，減少了自己的工作量，沒事時煮點湯，做些小甜點拿去老公公司。

有一次，她去送甜點時，剛推開辦公室的門，就看見高山的祕書Susan在幫他整理領帶。高山表現得很自然，笑著和她打招呼。

何嵐姐姐也回之以微笑，但她的餘光掃到Susan那一絲不易察覺的慌亂。

女人的第六感讓她不敢放過任何蛛絲馬跡，她回想了一下和Susan僅有的幾次交集：時刻把高山放在第一位，說是負責任也可以，說是大獻殷勤也說得通。也許懷孕的女人特別敏感，特別多疑吧。也許正是因為她懷孕了，Susan才更加有恃無恐。總之，何嵐姐姐絕對不是那種發現問題會靜觀其變的人。

對高山，她還是很有信心的，但Susan可不是省油的燈，朝夕相處，誰知道會發生什麼事？於是，她藉故推薦了剛才我看見的那個女孩給高山當祕書，美其名曰希望能跟Susan學習，實際不言而喻，就是看著她。高山當然沒有任何意見。

簡直是現實版的宮鬥劇，真沒想到美貌與智慧並重的何嵐姐姐也會「盯著」自己的老公。我取笑她，何必這麼麻煩，直接炒掉Susan就可以了。

何嵐姐姐搖搖頭說，並不想干涉老公公司的內政，而且炒掉一個Susan，還會來第二個、第三個Susan。她知道Susan是一個聰明人，能知進退，畢竟她現在的薪水不低。

我真心佩服她的睿智和高情商。

何嵐姐姐苦笑道：「我自己生了幾天悶氣，後來想想，又不是我的錯，為什麼要生氣？這樣的人其實挺討厭的，明明有實力，卻偏偏想靠美貌走捷徑。」

好看的女孩行走世間，會經歷些什麼？也許她會憑藉美貌作為跳板，有幸遇到貴人，從此順風順水，一路開掛，成為眾人眼裡的人生贏家。

然而，美貌也是一把「雙刃劍」，是世間最難掌控的資源之一，它需要與之相匹配的心性和定力。你的心性和定力能掌控住美貌，自然順風順水；當你沒有與自己的美貌相匹配的智慧時，美貌就是一把利器，不能幫你開疆拓土，只能用來自戕。

尤其是那些享受過美貌帶來福利的人，當沒人為她們保駕護航，而她們自己又不清楚是美貌幫了自己，還是實力幫了自己時，她們很容易迷失。

到頭來，她們既沒有能力保護好自己的美貌，也沒有能力維護好自己的人生。

年輕時，你可以仗著美貌肆意妄為，甚至可以將別人玩弄於股掌之間。可歲月一旦無情起來，難免要心慌了，把命運完全交付在別人手中，卻不知道自己想要什麼。

長得好看是能騙人的，但被騙的那個往往是自己。誤以為自己是命運的寵兒，誤以為世間一切都能輕易得到。

美貌是一種資本，可失去理性與智慧庇護的美貌，猶如沒有任何包裝的珍寶，難免被磕磕碰碰，淪為不值錢的點綴物。

美貌是一種稀缺資源，但絕沒有稀缺到無法替代。俊男靚女有很多，生生不息，層出不窮。脫穎而出的根本，從來都不僅僅是一張臉。

不信你仔細想想，那些成功嫁入豪門且混得如魚得水的女生，哪一個能把漂亮的老本吃一輩子？容貌會隨著光陰流逝而越來越不值錢，才華和能力卻能在歲月中沉澱得越發動人。

美貌是加分項，但不是必選項

如果你還相信好看與否是決定人生的關鍵，那只能說你還沒有跳出怨天尤人的層次。

長相源自天生，就是有人天賦比你高，就是有人天生比你聰明，甚至有人天生比你家境好，然後呢？生活裡的一切不如意就都是注定的，就都是必然的？多少人陷在這種自我暗示的「陷阱」裡，過著渾渾噩噩、得過且過的低品質生活。

好看的臉能當飯吃？不能，好看又有本事，才能把臉當飯吃；要嘛美一點，要嘛努力一點，如果又美又努力，那才可以拽一點。

為什麼有些女生越活越委屈，有些女生卻漸漸活出光芒萬丈的模樣？原因很簡單，在天賦之外，她們練出了遠超常人的見識和能力，做出了超常規的選擇，也付出了遠超常人的努力。而大多數人的努力程度之低，還輪不到被長相耽誤的地步。

美貌是找到好工作、進入優質的圈子、認識優秀人士的一塊敲門磚。但也僅僅只是敲門磚，沒敲開之前，這個東西至關重要，敲開之後，磚頭基本就可以扔掉了。

想要一直美、更美，通過美達成目標，當事人要忍受的痛苦、付出的代價、承受的壓力、經歷的考驗，遠遠超過外人看到的光鮮外表本身。

又好看又有能力的白富美多的是，而你的霸道總裁，集萬千寵愛於一身，他只會關注人群中最光彩奪目的那一個，他絕對不會在意身邊經過的一個普通女孩長什麼樣子。他們可能會被外貌吸引，但只會因為你的內在而心動。

別總想靠一股傻氣贏得真心，人家只會覺得你傻，不會覺得你傻得可愛。

你以為，美貌是通行證，但多數時候，你的美貌並不如你的學歷。

你以為，職場會對女生高抬貴手，實際上，職場只有優勝劣汰的法則，不適應者依然要被淘汰。

你以為，憑藉漂亮的外貌可以闖進優質的圈子，可是你充其量只會被看作會交際，而不是實力派。

你以為，自己能夠安逸到老，但有一天你會發現，不僅不能富養自己，甚至無法養活自己。

歸根結底一句話：不要試圖用美貌來掩蓋你的其他不足，沒有誰能僅靠長相就獲得一輩子的幸福。

這世間最珍貴、最堅不可摧的從來不是膠原蛋白，而是堅韌的靈魂。地心引力能帶走的只有年輕的肌膚，但帶不走豐富的閱歷。只有獨立生存的本領、能在紛繁擾攘的生活中保護自己的能力，才是一個人最好的不動產。

如果你因為並非天生麗質就自暴自棄，那可太蠢了。不夠美麗，完全可以靠努力來彌補。初入社會，長得好看，能得到更多善意和便利，甚至得到夢寐以求的機會。但好運也就到這裡為止了，接下來的一切，就是真槍實彈的能力拼殺。

生活不會因為你穿著公主裙，拿著魔法棒就對你寬容一點。相反，懷抱美貌才更需要守護它的智商和能力。沒有人敢說自己擁有美貌就可以不用學會生存技能。

偏執地認為女孩漂亮就夠了的人，其實犯了一個致命的錯誤：你把風雨關在門外頭，並不等於世界就沒有了風雨，也不代表你就能一輩子不經歷風雨。

人生漫長，連成串的喜怒哀樂和悲歡離合，並非傾城一笑就能簡單化解，它需要你內心強大、能力不俗，甚至還有祕而不宣的心思和謀劃。

美得不可方物只是一時，要想把人生牢牢地掌握在自己手上，需要的是眼光、定力與一點理財技能，以及腳踏實地不活在虛幻裡的人生智慧。

過好了這一生的人，不一定都絕代芳華，但一定有智慧、有才幹。說到底，美貌能錦上添花，但無法雪中送炭。更何況，當你讀過許多書、走過許多路、賺了許多錢之後，外在自然隨著內心的豐盈而改善。

長得漂亮是優勢，活得漂亮是本事。畢竟，這世界看臉，但更看能力和智慧。

Chapter —— 07

愛你的鄰居，但不要拆掉你的籬笆

貓與人的關係是理想中的人際關係。

牠跟你做伴，但又不干擾你；

你要尊重牠的空間和獨立性，不能過分騷擾牠，

你們之間存在著界限。

你不是冷漠無情，你只是不屑於糾纏

鄰居江江去超市回來，說差點被推銷員阿姨氣暈過去。

「簡直就是精神虐待，下次再也不敢去了。」

今天她去超市，又遇到那個超級熱情的推銷員，因為超市就在家附近，她又經常去，一來二去推銷員就認識她了。

每次，江江去日用品區，阿姨就會第一時間跑過來。江江選A沐浴乳，她就說這個用完身上太乾了；江江選B，她說這個香精添加太多了，並且一直推銷店裡主打的產品，說它怎麼怎麼好……她總是寸步不離，讓人心煩。

今天她的熱情升級了，和江江閒話家常了。

「今年多大了？」

「二十七歲。」

「那應該結婚了吧？有孩子嗎？」

「還沒結婚。」

阿姨一下子來了興致：「二十七歲還不結婚，再過兩年就真成『剩女』了，優秀男人都被挑走了，你得注意啊！」

江江越聽越反感：「結不結婚是我的事情。」

她沒有要走的意思，開始轉移話題：「你平時做什麼工作？一個月能賺多少錢呢？」

江江假裝沒聽見，繼續選購商品。

她又接著問：「你有沒有兄弟姊妹呀？爸媽以前做什麼工作的，現在快退休了吧？退休金多少……」

江江實在忍無可忍，東西也不買了，氣呼呼回家了。

「我知道她問我這些問題，是想和我套交情，讓我買她的產品，但是她這也太裝熟了。購物是為了放鬆的，她這樣，直接導致我失去購物的慾望，下次肯定不去了。」

我特別理解她的心情，這樣的推銷員不是很常見嗎？他們工作努力，非常關心別人，卻又常常關心過頭了。他們的關心裡缺少了「和別人保持一定的距離，不踏入對方私人空間」的分寸感。

這種越界的做法，不是提供忠告，而是干涉主權；不是體貼入微的幫助，而是好為人師的指點。

人和人之間高品質的交流，是聽者給予說者自由包容的氛圍，說者向聽者分享經過審視或驗證的感悟。恰如其分的關心是春風拂面的情意，不請自來的關心是強買強賣的情感。

過分熱情的人，其實從來沒有站在對方的立場上換位思考，只是喜歡自我陶醉罷了。那些未經允許的關心就是侵犯，自以為是和自行其是只能招來反感。任何關係都有一個合適的尺度，隨意過線，毫無分寸，彼此間的感覺就會變味。

周國平說：「一切交往，都有不可超越的最後界限；一切麻煩和衝突，都起於無意中想突破這界限。」界限，能維護隱私；而距離，能產生美感。

有兩種事應該儘量少做，一是用自己的嘴干擾別人的人生，二是靠別人的腦子思考自己的人生。

有分寸感的人，一定懂得什麼話該說，什麼話不該說，畢竟別人的人生好與壞都不需要你負責，你那麼操心幹嘛？與人交往，別強加觀點。打著「我是為你好」的旗號干涉別人的生活，只會招來厭惡和痛恨。

我有一個好友，他評論人的方式讓人極度不適，有時甚至會上升到人身攻擊的層面。偶爾一次的口無遮攔，還可以理解，但時間久了，看到他的評論就令人不高興。

他說的話帶著天然的負面，文字裡帶著反諷的語氣，內容裡帶著看不上你這種生活狀態的消極，玩笑裡帶著一股油然而生的酸氣。就是明明不帶一個批評的字眼，但能讓你心情跌落到谷底。

你要跟他認真，他會說：「我這人就是說話直，你可別在意。」我就納悶了，既然你知道自己說話直，為什麼不改呢？我真的沒法透過他的刀子嘴，去欣賞到他的豆腐心。

標榜自己說話直的人，只是不願花心思考慮對方的感受而已。嘴上刻薄的人也許終生不會幹什麼出格的事，但是這依然不能掩蓋其心底的卑劣。

越是肚子裡沒料的人越喜歡抬槓，因為要表述有價值的觀點門檻高，抬杠的門檻就低得多，就好像我沒什麼才藝，給大家表演一個打滾吧，似乎也能給自己營造一種簡陋的參與感。

跟朋友交流，你情我願是底線，禮尚往來是中位線，推動友誼、成就他人是天際線。忙碌的我們，無法天天活在天際線，能活在中位線已很美好，無論如何，千萬別忘了尊重別人的底線。

「不掃別人的興」是人間美德。具體體現在：不在別人的自拍下說：「真會修圖……」，不在別人分享的風景下評論：「這地方我上次去過了，沒什麼好玩的」，不在別人發美食的動態下回覆：「你不怕胖嗎？」更沒必要在別人的評論區咬文嚼字。

真的，別動不動就和我開一些你認為「無傷大雅」的玩笑，別人笑那叫玩笑，別人笑不出，那就叫惡意添堵；真的，別動不動就給我講一些你所謂的大道理，沒人有義務豎起耳朵認真地聽你說教；真的，別剛認識就一次又一次地請別人「轉發」或是幫忙從國外「代購東西」，還說這是舉手之勞，「舉手之勞」是我的謙辭，不是你用來道德綁架的說辭。

遇到沒有分寸感的人，別忍著，直接說一句：「我欣賞你的直言不諱，但請管好你的嘴。」

人與人之間的關係太過透明，也是一種負擔

所謂深交，不是如膠似漆，而是尊重邊界。別憑著一股熱情往別人的內心闖，被電網狠狠電過一次，才知道哪裡需要繞著走。

工作中，沒有分寸感的人也不在少數。

比如上司在上面講話，下屬卻嘻嘻哈哈開上司的玩笑，還一本正經地覺得自己調節了工作氣氛；比如有的人自己的工作一團糟，還特別關注同事的收入、同事的家庭甚至八卦人家的情感。

人際關係很微妙，尤其在職場，大家都不是傻子，很多時候，需要的是看破不說破。做好自己的本分，拿捏好分寸，既讓別人舒服，又不給自己找麻煩。

昨天，Edith和我在「午間食堂」吃飯，一進門就連續灌了自己兩杯檸檬水。

Edith說差點被小李氣死，小李是Edith的同事，兩人關係不錯。Edith是公司人力資源主管，小李剛入職的時候，Edith看她簡歷發現兩個人是同鄉，就對她格外熱情，經常一起吃飯、逛街、看電影，於是慢慢成了朋友。

事情的起因是小李無意中聽到其他同事談起，財務部很多同事都漲了薪水，而身在財務部的小李卻完全不知情。

小李就來問Edith知不知道這件事，Edith說知道。

小李當場質問她：「那你怎麼不告訴我呢？」

當時還有別的同事在場，Edith不方便明說，只能公事公辦：「這是上面的決策，而且我們做人事的要對員工的薪水保密……」

小李聽完更生氣了，說：「還跟我耍起了官腔，虧我把你當朋友，別人漲薪水你竟然都不說，今天才算看清你的為人。」

Edith也怒了，反擊道：「請你管好自己的事，少管別人的事。」兩人從此陌路。

而今天，Edith在走廊偶遇了小李，小李立刻翻了個白眼，扭頭走了。

Edith說：「我做錯了什麼？」

Edith一點都沒錯，她是人事，保密是基本的操守。別說人事，任何崗位都有基本的職業操守。小李當著其他同事的面質問Edith，這樣真的好嗎？上班不是為了交朋友的，工作才是重點。

小李完全搞混了「情」與「事」的關係，她有一個簡單的思維定式，就是你是我朋友，你就要幫我。交情固然重要，但不能因此破壞自己做事的原則。

什麼是好的同事關係？首先大家為了一個目標齊心協力，同時，不會以情為名，貿然打破界限。但也有職場上那種志同道合的熱血，彼此並不冷漠。

總之，就是大家都明白，我們各有來處，現在是為了一個目標走到一起來了。人與人之間要保持距離，靠得太近，就會看見對方更多的缺點。就像兩塊石頭投入水中，太近的話，水波就會互相干擾。

健康的人際關係絕不是討好順從，久處不厭的關鍵還得是建立邊界感。什麼事可以做、什麼事不可以做，什麼話能說、什麼話不能說。找準自己的定位，絕不越界，就是對彼此的尊重。

成年人的友誼本就不可能回到最初那樣單純無憂的狀態，它勢必是複雜且脆弱的，而我們唯一可以為對方做的，就是有為對方考慮的真心，以及盡力保全的努力。

與別人的相處要有分寸感

哲學家赫拉克利特說：「世界的一切次序，在一定分寸上燃燒，在一定分寸上熄滅。」「分寸感」是一門極為重要卻又難以把握的學問，也是一個人EQ高低的體現。

別看Mia現在和自己的美女上司關係特別好，其實也經歷了一段不短的磨合期。

美女上司沒調過來之前，就以為人強悍、作風跋扈聞名全公司，調過來後，很多人都大呼受不了。美女上司超級愛加班，大家敢怒不敢言，有一位同事連軸轉加班七十二小時，腎結石犯了，忍著劇痛開完會才去醫院打點滴，就這樣打完還回來繼續加班。

Mia看不過去了，幫同事請了假，強迫他回去休息。美女上司對她頗有意見，然而Mia的工作能力非常強，成績有目共睹，美女上司幾次看似無意的刁難都被她成功化解了，美女上司也不好再說什麼。

Mia還從不居功自傲，更不邀功，關鍵時刻還能顧全大局。

有一次去客戶公司開會，美女上司的電腦壞了，沒辦法做報告。Mia拿出了備選方案，客戶很滿意，紛紛稱讚她，美女上司很不高興。

Mia對客戶說：「感謝你們喜歡我的方案，但我更要感謝我的上司×總，感謝她的信任，在這麼重要的場合給我機會做報告。」

一句話幫上司打了圓場，從此美女上司特別信任她，視她為左膀右臂。

分寸感的另一個說法叫「自知之明」。也就是說，你要先知道自己的位置：「你是誰？」然後瞭解你在別人心中的位置：「別人眼裡你是誰？」最後，根據這個定位，做你能做的且適合做的事。

這個世界只有三件事：自己的事、別人的事和老天的事。我們要做的，就是管好自己的事，不干涉別人的事，順應老天的事。

《請回答1988》中說：「所謂的界限，就是到那裡為止的意思。」

真正的相處之道，是你得意時他知道收著點，你失意時他願意自矮三分讓你高興。那些受人敬重，私交關係特別好的人，都有進退有度的大智慧。懂分寸的人，更容易被信任、被依賴、被別人放在內心重要的位置上。

正如孟非形容自己的交友原則：「有話你就說，但應該知道分寸。做主持人也好，做人也好，我都願意和那種懂得分寸的人打交道。」

貓與人的關係是理想中的人際關係。牠跟你做伴，但又不干擾你；你要尊重牠的空間和獨立性，不能過分騷擾牠，你們之間存在著界限。

無論事業上的合作夥伴，還是生活裡的人情往來，大家更願意深交的永遠都是那些懂分寸、知進退的人，而這玄乎其玄的分寸，拿捏起來確實複雜。說白了就是永遠不要把突破你們情分的話說出口。

懂分寸感的人，知道什麼話該說，什麼事該做。他們能在循序漸進中走進對方的世界，既互相獨立又適度包容，建立細水長流的關係。

讓我們像和貓相處那樣，開心愉快地做朋友吧。

Chapter —— 08

你的實力，無須用疾言厲色來維護

虛張聲勢的人往往是脆弱的，

因為真正強大的人是自信的，

自信就會溫和，溫和就會堅定。

和夢想平等交易，和喧囂保持距離

昨天，Edith發了ＩＧ：「小心那些在ＩＧ曬加班的人，曬加班不可怕，可怕的是，能曬的只剩下加班。」然後發了一個無語的表情。

Edith很少這樣表達情緒，我好奇問了一下。

原來Edith公司最近辭退了一名員工，而作為人力資源主管的Edith表示很心累。

這位員工是曬加班狂魔，基本上每天都發ＩＧ告訴大家自己在加班，而且都不帶重覆。

比如：「淩晨兩點的公司，就剩我一個人，獨享深夜的寧靜，挺好的。」「週末別約我看電影了，根本沒有時間。」「晚上十二點，公司樓下超商的飯團格外好吃，吃完繼續工作。」……

這麼好的員工怎麼能說辭退就辭退呢？

Edith發來兩個冷笑的表情以示抗議：「他把曬的時間拿出來，也不至於讓其他同事幫他收拾爛攤子。」

寫報告錯字一大堆，報銷發票從來沒有一次弄齊過；從不敢同時交給他兩個任務，不然肯定一件都辦不成，同事為他收拾爛攤子苦不堪言。不過晚上加班，公司茶水間的東西可沒少吃。

後來她還加了一句：「加班不是問題，有問題的是一個人拼命加班，還悄悄把事給做砸了。」

說句難聽的，沒結果的加班是浪費公司的電。尤其是大家都沒加班，就你一個人在加班。那就要反思了，是不是自己的問題？

你以為你一刻不停地向前奔跑，營造出一種拼搏努力的忙碌狀態，大家就能被你感動了。只可惜你再怎麼使勁，沒有長進的勤奮、沒有價值的付出，在別人的眼裡，也只是徒勞一場。

想要做成事，先低頭看看自己的路，有沒有認真地培養自己在某個領域的能力和技術，腳印是不是夠深、夠平整。

一開始信誓旦旦的人大多數都是三分鐘熱度，反倒是那些沒那麼大張旗鼓、滿世界立目標的人，踏踏實實在行動。

當年吳雙雙準備國家司法考試時，我們都不知道，準確地說不是不知道，我們知道她要參加司法考試，但是什麼時候考，怎麼準備，她沒告訴我們。

等她告訴我們時，已經是報喜了，人家考上了。我們全部都驚掉了下巴，早就聽說司法考試不好考了，怎麼吳雙雙考得這麼容易呢？

根本一點都不容易，只是她沒說出來而已。多少人倒在了枯燥、煩瑣的準備階段，而吳雙雙卻默默堅持了兩年。我們在逛街，她在學習；我們在刷ＩＧ，她在看法條；我們在床上看劇，她在法院拼命做紀錄。

身邊總有這樣的人，平時看起來普普通通，突然有一天，他們就一下就把你甩出好幾條街。

也許會有人說他們運氣好，可是這個世界上除了個別天上掉餡餅的特例，大多數時候，我們所說的好運，是慧眼、毅力、自我修為、管理能力的綜合表現。

這麼多年見過不少成功的人，每個人取得的成就無論大小，都自有其道理。但他們卻從來不會大肆宣揚自己付出了多少努力。

成功有跡可循，就是在所有人都不看好時，仍然堅定自己的信念，勇敢獨行。你看到他們被鮮花掌聲環繞，卻不知道他們背後的痛苦有多深，困難有多大。他們從來不抱怨命運的坎坷與不公，而是選擇勇敢面對人生的種種挫折，默默努力戰勝。

最可貴的是，他們坐得住冷板凳，經得住誘惑，他們有格局、有遠見，更懂得厚積薄發。

噓寒問暖，不如想辦法取暖

前些日子，朋友芊芊分手了，和男友在一起挺長時間了，分手分得很突然。

一次吃飯，問起分手原因，她的回答讓人很意外。芊芊說在聽完男友不知道說了多少次的「我愛你」之後，下定決心分手了。

什麼？說「我愛你」也不對了，這是怎麼回事？

芊芊無奈地說：「因為他只是說說而已，什麼也做不到。」

當初他們在一起時，芊芊家裡是堅決反對的，因為男友家境不好。但是芊芊認為，只要兩個人一起努力，什麼難關都可以過去。

事實證明，她還真是太天真了，因為自始至終只有她自己在規劃兩個人的未來。

她白天上班，晚上加班，不加班時做代購，週末還去朋友的公司做兼職，這麼辛苦，就是為了能多賺點錢，買一棟房子，好讓家裡人放心。

而他呢，從沒有一份工作能做三個月以上的，不是嫌遠，就是怕辛苦，眼高手低，看什麼工作都不順眼。畢業三年了，還是沒有穩定的工作。

芊芊很生氣，哪一個工作不累啊？誰不是一點點熬下來的？而且，她完全不覺得男友真的為一份工作努力過。

無論她晚上幾點到家，男友總是坐在電腦前打遊戲。飯也沒吃，也不做，髒衣服、臭襪子扔了滿地。週末也一樣，她去做兼職，他在家睡大覺。

也因為這樣的事經常吵架，但是男友總是哄著她：「我真的很愛你，相信我，我一定會讓你過上好日子的。」然後，轉身就去打遊戲了。

因為那些情真意切的「我愛你」，她選擇原諒他一次又一次。後來她才想明白，男友的意思是：「我雖然沒錢，買不起房子，買不起車，沒什麼本事，但是我愛你啊，這不就夠了嗎！」

請問這有什麼用呢？就和那個萬能句式「多喝熱水」一樣，感動了自己，沒有任何意義。口口聲聲說著愛，可到底為了這份愛努力做過些什麼，又做成過些什麼？

世界上最沒用的就是沒有實力，只能靠誠意表真心。但凡還有點別的東西可以拿出來說，也比說空話強。

口口聲聲說著「我真的好喜歡你」、「我真的好喜歡這份工作」、「我真的好想買那棟房子」、「我真的想過優質的生活」、「我真的好想讀台大」、「我真的要瘦下來」……可除了這份「好喜歡」以外，什麼都拿不出。沒錢、沒專業技能、沒表示，也沒有努力，那這樣的喜歡一點用都沒有。

喜歡一個人，就努力給她好的生活和滿滿的愛，給她足夠的安全感。即使沒有經常說「我愛你」，對方也能感覺得到。

喜歡一份工作，就努力做好這份工作，專業上無可挑剔，給人滿意的工作表現。這樣你不用說，也能得到信任，升職加薪。

想讀一所好大學，那就別怕苦、怕累，埋頭苦讀。這樣總比你每天在課堂上做白日夢幻想要現實得多。

想變瘦變美，那就離開床和沙發，找出那張長了灰塵的健身會員卡，控制自己的飲食欲望，而不是在吃飽了躺下後想著「明天再減」。

你不能只是每天對著上天祈禱，說著「我真的好想好想」。不會有人因為你的「執著」「誠意」而感動，只會罵你是一個癡心妄想不勞而獲的傻瓜。

當有一天，你的女神被別人搶走了，你的工作被別人頂替了，你從原地踏步變成了倒退……或許那時才驚醒，當別人都在用行動爭取美好生活時，你的那些「誠意」多麼無用。

只有懦弱的人才會四處遊說自己的不幸，堅強的人只會不動聲色地逐漸強大。

不要夸夸其談，而是盡力去做

最近一位朋友和我說，你有沒有發現一個特別奇怪的現象：「有什麼好事只要提前說出來，最後必然夭折；有什麼目標，一旦告訴了別人，總是實現不了。活了這麼大才發現，我們最大的問題是沒學會閉嘴。」

深以為然，這種特別玄的經歷，我自己經歷過很多次。從最普通的，跟大家說計畫要去哪裡旅遊，說完就出現突發狀況，最終沒辦法成行；到告訴大家想要健身，結果一個月過去了，一次健身房都沒去。遇到事憋不住，提前昭告天下，最後的結果總是跟預期不同。

世界存在一種玄學，叫「說出來就實現不了」，所以過生日和看到流星許願時，大家都說要默默地，因為說出來就不靈了。那些不動聲色、默默做事的人，反而最容易成功。

有的人做出一點成績，還沒穩定，就迫不及待拿出來炫耀，結果多半是失敗；有的人喜歡到處談論夢想，可是眾聲喧嘩，各執一詞。聽到別人的意見難免動搖，陷入自我質疑，反而影響了夢想的實現。

那些喜歡誇誇其談，甚至吹牛吹上天的人，絕大多數落實到具體的事情上，都變得很不可靠。這些人往往聲音很大，行動很少，口號喊得最響亮的，往往放棄得最早。

很多人都相信「總有一天」一切都會好起來。「總有一天」是哪天？「總有一天」是今天，是現在。你不會「總有一天」變得有錢，想要有錢，你得自己努力賺錢；你不會「總有一天」變得成功，要想成功，你現在就要努力做出成績來。

無論你想成為什麼樣的人，現在就要盡力成為那樣的人；無論你想做什麼，現在就要盡自己最大的能力去做。

工作以後，認識了很多厲害的人。他們表面如湖水般寧靜，內心卻似大海般波瀾壯闊。他們在人群中仿佛置身事外，其實早已將一切了然於心。「看破不說破」體現著他們的教養，「不鳴則已，一鳴驚人」是他們的代名詞。他們不動聲色地厲害著，像一位寡淡的看客，大智若愚是他們的底色，自然而不矯飾，低調而不張揚。他們從不會提前公開自己的計畫，而是習慣在事成之後微微一笑。

你的實力，真的無須用疾言厲色來維護。那些真正厲害的人，都在悶聲發大財。

給你一個小經驗：一些對你來說很重要的事，等塵埃落定了再告訴全世界吧，不然說出來可能就不會成真了。

千萬不要因為虛榮心而炫耀，也不要因為別人的一句評價而放棄自己的夢想。最好的狀態，是堅持自己的夢想，聽聽前輩的建議，少走錯幾步。

還有最重要的一點，為什麼成功之前不要聲張？因為很多時候，你沒有做到，說得再天花亂墜，都是徒勞，在別人心裡沒有說服力。

不動聲色就能過去的事情，就不要浪費時間和精力；能用可愛貼圖就解決的問題，就不要說髒話和狠話。就像亦舒說的：「成功的祕訣之一絕對是閉上嘴，事成之前不發一言，埋頭苦幹；事成之後保持低調，不誇誇而談，這是所有成功人物老練的處世態度。」

等你做到了，成功了，你什麼都不必說，在別人心中你也會是很厲害的角色。

這個世界的運行法則就是如此，別人嘲笑的不是你的夢想，而是你的實力。不是別人太勢利，而是他們更信實力。

Chapter —— 09

如果快樂太難，
那我祝你想哭就哭

這個世界有時候很殘酷，

總是逼著你給失控找一個正當的理由，

找得到的人就痛快地宣洩，找不到的人就只能藏著，

換上「我很好」的面具。

有笑有淚才是完整的人生

少年維特有自己的煩惱，每個成年人也有自己情緒崩潰的點。也許你扛過了工作的壓力，挨過了失戀的痛苦，卻會因為洗澡沒熱水蹲在地上又罵又哭。

能讓你崩潰的從來不是什麼天大的事，碰到天大的事你反倒很堅強；讓你崩潰的永遠都是那些細碎而煩瑣的小事，它們堆疊在一起，讓你把世界又恨了一遍。

我們都會在某一刻發自內心地覺得，生活好難哦！然後在某個瞬間，只是想哭一下。那麼問題來了，工作時突然崩潰了怎麼辦？總不能「哇」的一聲在辦公室裡號啕大哭吧？茶水間也不行，人員流動率太高，最理想的地方恐怕只有廁所了。

每家公司的廁所，都是職場人的眼淚收留場。被老闆罵了、被客戶誤解了、被工作擠得透不過氣……很多人會選擇去廁所待一會。小時候總想一起去廁所，長大後卻只想自己去廁所。

在國際貿易公司市場部工作的朋友珠珠，偶爾會在公司廁所來一場崩潰大哭。這天，珠珠在「第一季度調查報告」這個資料夾裡又新建了一個資料夾「終極修改版」，然後把「0408修改版」、「0408修改版1」、「0412再改版」……通通送進資源回收桶。

抬眼一看，已經晚上七點多了。晚飯還沒吃。此時，她手上還有一個市場調查報告要檢查，四個產品廣告文案要修改，還有下午的兩個會議紀錄要整理，以及各種工作群組要回覆。

就在她打出最後一個「收到」的瞬間，沒有一點點防備，沒有一絲絲顧慮，腦子裡有根弦「啪」的一聲斷了。

她意識到，自己需要一場「小型崩潰」了。

時間、地點、節奏都要把握好。廁所隔間已鎖好、喉嚨已靜音、睫毛膏防水、粉餅在口袋裡……好了，可以哭了。

三分鐘哭泣，五分鐘無聲流淚。內心狂罵惡魔上司和智障客戶，三秒醞釀一個白眼，想一下死對頭今天這身打扮真難看……搞定，走出隔間，對著鏡子整理頭髮和補妝，仔細進行表情管理。

洗完手，珠珠還會亂扭一會，想像這裡是模特走秀臺，搖頭晃腦，手舞足蹈。最後走出去時已經很平靜了，好像什麼都沒發生過，繼續工作。

整個過程最好不要超過十分鐘，否則「情緒管理」這門課，你就得重修。職場事，職場畢。工作中的委屈，需要的是專業地面對。這不是在發洩和做事之間做選擇，而是在情緒和專業之間做選擇。

生活除了容易發胖，其他都不容易，連發洩情緒都要先算好CP值。能砸便宜的東西，就堅決不砸貴的，只有小孩子崩潰才會不考慮後果，成年人連摔個抱枕，都要考慮一會怎麼厚著臉皮把它撿起來。

成年人的崩潰，被稱作「懂事崩」，不能當眾示弱，不能影響工作和生活，不能麻煩別人。所有的委屈和無助，只能自己扛。

太難了，明明自己很悲傷，但第一個想法是別影響別人。

當煩惱如影隨形，能扛得住最好；扛不住了，就別太勉強自己。你又不是傘，就別一直撐著了。

「你的體重裡七五％都是心事。」——美國馬里蘭大學公布的一項調查顯示，超過七五％的過度飲食是由情緒性進食引起的，這是一種自我安慰的方式，與饑餓無關。

你正在經歷的這一切，你的焦慮、掙扎，你努力去做的調整、改變，你情緒掉下去的那段時間，全都是你生活的累積。在生活達到你想要的樣子之前，你得允許它有一個釋放的過程。

就像《melo體質》裡的那句臺詞：「裝在心裡的眼淚會讓人生病；流出來的眼淚，很快就會蒸發，成為這世上不存在的東西。」適當放過自己，就不會活得那麼累。

有時候我們的自由，不過是一間兩坪的廁所。這裡沒有職場小白兔CoCo，沒有外企老闆David，沒有五百強企業劉總，也沒有縱橫生意場的陳老闆。在這個兩坪的空間裡，只有一個人，他的名字叫作自己。

我們已經習慣了在情緒消音的世界裡生活，卻忘了它們本可以被大聲宣洩；我們已經習慣了戒掉情緒來避免生活失控，卻忘了真正的掌控是不委屈自己；我們已經習慣了戴著面具生活，卻忘了有笑有淚才是完整的人生。

如果快樂太難，那我祝你想哭就哭。你可以哭著蹲下去，也可以哭著站起來，但一旦推開這扇門，你已經找到了繼續生活下去的勇氣。

那些在廁所裡「重生」的人，終將在和社會的摩擦中，一遍一遍擦乾眼淚，成長為無堅不摧的大人。希望每個職場人在疲憊心酸的時刻，都能記起那些曾被廁所溫柔以待的瞬間。

你可以活潑，但不能撒潑

「你可以活潑，但不能撒潑」，這話是我媽對我說的，我把它列為近期金句。

事情的起因是，有一天我坐公車，結果遇到了塞車，二十分鐘車子都沒動。我有點急燥，悄悄咒罵了一句，還氣得拍了一下大腿，巧不巧被旁邊坐著的老爺爺看見了。

老爺爺可能對塞車這種事習以為常了，也許覺得我有點不正常，反正就盯上我了。我拿手機，他看我一眼；我拿耳機，他看我一眼；我拿口香糖，他看我一眼；我站起來觀望，他還是看我……總之，我有什麼風吹草動，他一定要看著我。

當時我很不高興，這也太沒有禮貌了，就這麼看著別人，放到誰身上也受不了。我就以迅雷不及掩耳之勢轉身看向老爺爺的方向，老爺爺當時剛看向我這邊還沒來得及轉頭，這下弄得措手不及，慌忙轉頭目視前方，動作可以說是非常慌亂。

我其實也沒看著老爺爺，只是保持這個姿勢直到下車，而老爺爺始終目視前方，我覺得挺痛快的。

回來我幸災樂禍地向我媽炫耀了一番，結果我媽白了我一眼，說：「我看你最近挺活潑的，但是你不能撒潑。」

總會有那麼幾個瞬間，因為一句話，我們被點化了。人生真是諷刺，一個人竟然可以變成自己曾經最討厭的樣子。情緒一上來，輕易喪失了基本判斷。

遇見讓自己生氣的人，很多人和我一樣就想「以暴制暴」才夠解氣，甚至想隨機附送幾句漂亮的髒話。

然後呢？你對自己失控了，這個後果就很嚴重。鬥氣和爭吵確實很有快感，但「三思而後行」是一個成年人該有的清醒和克制。

逢人藏不住事，遇事沉不住氣，生氣壓不住火，讓你看起來很幼稚。發火很容易，誰都會，難就難在生氣時控制自己的行為，並冷靜地處理好問題。

不要因為一時的情緒，就急著對生命下判斷。有些人今天和明天的人生觀會差很多，如果因為一時情緒掉進谷底就傷人或毀己，明天的自己必然後悔莫及。

ＥＱ高的人，不是壓抑情緒，更不是戒掉情緒，而是承認自己有情緒，並能有效控制。

誰都會有一些負面情緒，無論是失望的、自卑的、恐懼的，你面對它、撫摸它，就能化解。最不恰當的做法就是憋在心裡，越壓抑，人就越消沉，最後這些情緒會轉化成負能量，累積到一定程度會爆炸。

那樣很多生活小瞬間就會成為導火線，就像一小撮胡椒粉就能讓一整鍋菜完全變了味道。比如你走在路上，突然被別人撞了一下，你就會覺得，全世界都在傷害你。

人和機器不同，強行壓抑自己，硬要做到喜怒不形於色，把自己弄得表情呆板、情緒漠然，這不是成熟，這是退化，是一種病態的表現。

最好的辦法是找一種不影響或傷害他人的方式把不良情緒宣洩出來。要多審視自己的情緒，這樣才能在下一次做出反應時給自己預警。

誰還沒點壞情緒，但最好少掛在嘴邊。家人聽了難過，朋友聽了擔心，對手聽了偷笑，更讓自己顧影自憐，喪失鬥志。不把負面情緒發洩在別人身上，已經是成年人最後的修養了。

每個人的身體裡都有一個能量場，影響著你的生活狀態，當你處於好的狀態下，所有的事情傾向於讓事情變得更好；如果是壞的狀態，事情就容易變糟。

理性宣洩是情緒管理的基本手段，但要記住，一個人在任何時候都不應該做自己情緒的奴隸。

你因為試著掌控自己而感到痛苦，說明你正在為美好而健康的人生同你的不良習慣做鬥爭，要加油啊。

克制不是面對麻煩最好的方式，憤怒和崩潰更不是

你能看出來，今天坐在你對面的同事，是開心還是難過嗎？

你能看出來，今天開會時侃侃而談的上司，是快樂還是悲傷嗎？

你能看出來，路上偶遇的老朋友，寒暄著說的「我很好」的背後，是不是真的很好？

禮貌的寒暄，克制的情緒，恰到好處的矜持，這大概就是長大後的我們常有的模樣。

人越長大，越懂得不動聲色，談失控太奢侈了。

年初時，李可怡和相愛七年的男朋友分手了。分手後和我們見面，對感情她從來都隻字不提。直到有一天吃飯，她才慢悠悠地提起，像是在說別人的故事。

「難過嗎？」

「難過得快要死去。」

「你看起來不像啊？」

「非要撕心裂肺痛哭嗎？」

說完自己就笑了，但眼裡分明有淚花，一閃而過的光亮恰巧被我捕捉到。她迅速埋下頭，調整好情緒，轉換話題，談話重新來過。

此情此景讓我想到了一個經典的對話：

「你哭得最慘的那個夜晚一定長大了不少吧。」

「不是，是忍住沒哭的那個夜晚。」

小時候會喊疼喊累，抱怨今天摔了跤，哪個同學又欺負了自己。而長大後，卻不敢再花時間喊疼，因為生活每天都在告訴你：「生活的煩惱跟媽媽說說，越說越煩；工作的事情向爸爸談談，越談越氣。」

魯迅寫過：「樓下一個男人病得要死，那間壁的一家唱著留聲機；對面是弄孩子。樓上有兩人狂笑；還有打牌聲。河中的船上有女人哭著她死去的母親。人類的悲歡並不相通，我只覺得他們吵鬧。」

人越成熟，相伴而生的品質便是克制，是三緘其口，是知道「說了又能改變什麼」後便選擇沉默，是懂得了「熬過去就好了」便一個人死扛到底。

即便心中五味雜陳，話到嘴邊，也只是雲淡風輕的幾句。更多的時候，你獨自走過那些最傷心的夜晚，獨自躺在床上，有無數的心酸痛楚，有數不清的思念愁緒，還有驅散不了的迷茫惆悵，但這些，你誰都不會告訴。

它們適合在無人的夜，在心裡、腦裡、胃裡反復翻滾，然後關燈時，隨你沉睡。腦海中關於「撐不下去了」的聲音，都成了後來「撐下去了」的前奏。

那些嘴上說著「撐不下去」的人，其實會一直撐下去，也許撐過了的一百天，會在第一百零一天被治癒。

下班上烹飪課的珠珠，為了發洩做出了無數道讓人驚歎的黑暗料理，卻不承想，遇到了能欣賞這些料理的追求者；珠珠曾經無比討厭的上司，在全組人集體食物中毒的情況下，幾乎憑藉一己之力通宵幹完一個項目；雖然把自己嫁了很多年也沒嫁出去，但是珠珠和自己一直羨慕的女強人同事成了朋友，有了可以分享工作苦樂、為她出謀劃策的同伴。

無論是被上司大罵、被同事陷害，還是在廁所偷哭，你從來都不是一個人。我們都習慣了一邊被坑，一邊填坑，一邊流淚，一邊回血。

你遲早要學會天冷就加衣服，摔跤了就主動爬起來，再難再苦的事也默默熬下去。像那句話說的那樣：「總不能流血就喊疼，怕黑就開燈，想念就聯繫，疲憊就放空，脆弱就想家吧。」

你要有敢於哭泣的坦蕩，也要有止住哭泣的能力，這份收放自如是你面對人生艱難的本事。

莫泊桑說：「人的脆弱和堅強都超乎自己的想像。有時，我可能脆弱得一句話就淚流滿面；有時，也發現自己咬著牙走了很長的路。」

人活在這世上，是需要一點高貴和美感的。時代越是聒噪，克制就越應該成為一種美德。放縱誰不會，克制才難。要想收穫自己的成功，無非克己而後不羈。

做一個溫柔而有力量的人，你會發現：熬過深夜痛哭，天依然會亮。那些曾讓你崩潰的、痛苦的、恐懼的事，在你忙碌又充實又鮮活的日子裡，真的不值一提。

Chapter — 10

你的善良
不可以被辜負

過度堅硬太傷人傷己，過度柔軟又保護不了自己，
要保持你的善良，也要堅持你的底線，
才能做到一邊稜角分明，一邊溫情四溢。

你的善良，必須有點智商

朋友李可怡遇到麻煩了。

她要買房子，需要到相關單位開證明，被工作人員阿姨卡住，不走流程。本來挺容易的一件事，幾天就能解決，卻拖了兩個星期還沒解決。

可怡該交的資料都交了，該走的流程也走了，阿姨就是不辦，一直拖，口氣還很差。問為什麼不能辦，沒給理由。

阿姨態度惡劣，可怡說會投訴她，沒想到她完全不在乎，說你去投訴好了，隨便你投訴。她說完就直接把電話掛了。

可怡非常生氣，心想自己也沒得罪她，為什麼不能辦呢？也沒說原因，還掛電話，有這麼為百姓辦事的嗎？

可怡想不通，打電話問我意見。電話裡哭得泣不成聲，我的暴脾氣上來了，哪有這麼欺負人的，我說：「走，帶我去會會這位。」

結果一見面阿姨氣勢凌人，一開口就唾沫橫飛澆滅了我的怒火，我拉著可怡灰溜溜地跑了，聽到後面她嘲笑我們的聲音。

這不知道要拖到猴年馬月，沒辦法，我們衝到吳雙雙的律師樓，找她哭訴。吳雙雙一聽這件事，也是很氣憤，簡直無法無天了，她提議可怡打投訴熱線。不愧是律師，精明得很。熱線打通，承辦人員承諾會去處理。

可怡等不及，心裡憋著一肚子氣，想再去鬧一鬧。

我點頭同意：「這次一定要語氣強硬，人家給你受那麼多氣，是時候給自己出口氣了。不為別的，就是給自己討個說法。」

結果事情徹底鬧大了，在場的人都知道了，也成功吸引了路過的居民。

她也是機警，見有人圍觀，馬上變了可憐臉，來了一句：「我兒子跟你一樣大，你年紀輕輕怎麼這麼凶？」

路過的居民也勸可怡不要計較，有幾個人還有指責的意思，說你一個年輕人，幹嘛和歲數大的人計較。可怡百口莫辯，又一次灰溜溜逃走了。

這件事最可恨的是，圍觀群眾憑什麼在沒弄清楚事情原委時，自帶邏輯和觀點呢？用在合適的地方的善良，是一種力量；用在不當的地方的善良，是另一種傷害。

不考慮當事人的情緒感受，不在乎言語上的刻薄粗魯，更沒有推己及人的體諒和考慮，只是單方面盲目的貌似善良，那不過是站在道德高地上的自嗨而已。

郭德綱說：「不明白任何情況就勸你一定要大度的人，你要離他遠一點，因為雷劈他的時候會連累到你。」若理性不存在，則善良無意義。這世間存在一種惡，就是以善良之名到處橫行。

善良是一門學問，是要講究智商的。人的善意和信任，比金子還珍貴，經不起一點點濫用和愚弄。低智商的「善人」，做不到換位思考，總是喜歡和稀泥般地勸和。沒有真正經歷過別人的生活，又怎麼能勸人家寬容大度？

很喜歡柴靜在《看見》中的一句話：「人怎麼才能寬容呢？寬容的基礎是理解，你理解嗎？」不顧當事人感受，一味以和為貴、勸人寬容的人，怎麼看都是智商不高的樣子。

善良對智商的要求很高，它是經過縝密思考之後的結果，不是單純自發的瞬間反應。保持善良並不是一件容易的事情，你得先聰明才能善良，而且越善良就得越聰明。

所有的被冒犯都有一個沉默的開端

這事還沒結束，第二天阿姨在門口攔住可怡，問她是不是打了熱線投訴。要是不撤訴，就還是不給辦。這口氣可真囂張啊。

可怡猶豫了，在群組裡問我和吳雙雙。我們一致認為，事情還沒解決，堅決不能撤訴。

沒多久，可能投訴電話起了作用，阿姨說手續可以辦了，口氣明顯軟了。這事就算是過了。可整件事想起來的確荒謬，這資料前後都一樣，為什麼之前不給辦，偏要鬧一鬧才給辦呢？

事情辦完了，可怡想撤訴了，我和雙雙讓她再等等，等回饋結果下來再說。不然你這次放過她了，下次她還這麼折磨別人，又要有人遭殃了。不投訴不是在施與善意，而是在摧毀規則。

有時候我們必須守住自己的原則底線，為了不讓麻煩蔓延給更多的人。

《夏日友人帳》裡有一句話：「如果你抱著那種心軟的想法，傷害最後是會回到你身上來的。所有的被冒犯都有一個沉默的開端，因為我們的默不作聲而持續發酵。」

我以前也是一個沒有原則的人。有人在我面前插隊，可以；同學亂動我的東西，可以；餐廳裡吃到蒼蠅了，可以。

嘴上說著多一事不如少一事，其實心裡挺不好受的，但沒辦法，我們從小就被這樣教育的。從小我媽就教育我，要禮讓他人，要考慮別人的感受，要寬容大度，要尊老愛幼有禮貌。後來遇到了形形色色的人，才醒悟，我真傻，真的，原來不是每個人都聽媽媽的話。

前兩年和一個同學去外地參加另一個同學的婚禮，地方挺偏僻的，得坐當地私人營運小巴。為了多賺錢，小巴超載了，結果走到一個客車集散中心，聽說前面有交警檢查，就要趕幾個人下車，等後車來接，說是十幾分鐘就到。

我們明明有座卻要我們下車，原因是站著的是司機熟人。這不是欺負人嗎？我態度強硬，司機好像也被我鎮住了，只好把熟人趕下車，帶著我們繼續往前走。

回頭看我同學，好像被嚇傻了，過了好久才緩過勁來。「你也太猛了，就不怕挨打嗎？」

要說我還真有點害怕，不過也沒有完全失去理智，當時那一瞬間我想了很多，這是集散中心，外面那麼多人，司機應該不敢怎樣。還有，道理在我這邊，我拒絕他也是合情合理。

同學說我這人難搞、不近人情。我說：「如果我是站著的人，我肯定下車，因為我首先不尊重交通規則，那麼我就要尊重遊戲規則。」

同學說：「世界不是非黑即白的，在一和二之間，還有一‧五。」

我說：「世界的確不是非黑即白的，但一定有黑有白，你連那簡單的黑和白，都不想搞清楚，不願意搞清楚，你怎麼去搞那黑白之間的東西？你連一和二都不認識，你怎麼去認識一‧五？」

同學又說：「做人別太認真，要難得糊塗。」

我覺得她對「難得糊塗」有誤解，人家鄭板橋說的是奮鬥後的看開和放下，既放不下民間疾苦，又融不進混沌的官場，那怎麼辦呢？放下吧，看開吧，看透吧，糊塗一點吧。

可他從沒說過，做人要逃避責任或是沒有信念、原則。「難得糊塗」可不能亂用，你不奮鬥，你不追求真理，就直接躺下說「人間不值得」，然後再來一句「難得糊塗」，這是誤解。

對惡的縱容，其實就是對善的無視。它的可怕之處在於一旦所有的事情都披著善良的外衣，輕易就能得到很多人的理解與寬容。

我們的文化傳統講究一個「和」字。可「和」應該是終極狀態，不是預設的出廠設置。

但很多人的理解是，我們要為了和而和，哪怕是委屈自己去追求「偽和」，而非追求真正意義上的「和諧」。

什麼是偽和？就是鄰里間要和諧相處，家人之間不能吵架，朋友間要友善，同事之間要寬容。

可萬一你碰到的是一個蠻不講理，整天占你便宜的鄰居呢？萬一你碰到的是極其專制，凡事都要控制你的家人呢？萬一你碰到的是背信棄義，表面上和你真情實意，背地裡瘋狂捅刀的朋友呢？萬一你碰到的是經常讓你背鍋的同事呢？

生而為人，我們都應該善良。但是生活中，很多人把善良與懦弱、無能、遲鈍、不設防聯繫在一起。有些人的善良不是因為有修養，而是因為無法保護自己，對人生缺乏警惕，被壓榨之下的無奈之舉。

這樣的善良會變成一種自傷的利器，既得不到別人的珍惜，也讓自己活得不舒服。別跟流氓講道理，要解決問題，必須有點脾氣，做一個不好惹的人。你對我好時，我會對你更好；但你只想占我便宜，那我只能說一聲：再見吧您！

我從未決定不再善良，只是決定不再對誰都善良

我有一個學姐，剛工作時是能者多勞的典範。因為能幹，成了全公司最忙的人。早上剛睜眼，老闆的連環催命訊息就過來了。總是第一個到公司，只有她拼命做各種各樣的工作，從沖咖啡到改會議紀錄，再到聯繫客戶，還要負責其他同事的項目。

同事們都是豬隊友，經常被老闆問得啞口無言，只能找她來救場，結果救的次數多了，豬隊友們更加理直氣壯把工作推給她，誰讓她最能幹。

更讓人抓狂的是，老闆發現了她的責任心，總是有意無意將工作任務是否成功的壓力

轉嫁給她。

老闆也不管她累不累，反正沖咖啡、列印資料、接待客戶、寫策劃……別人都做不好，就你能做，你就都做了吧。明明是別人的專案，對方因為大意出了差錯，卻要學姐去負責拆彈。

每天從早上忙到晚，連口水都顧不上喝。不負責任的同事早就借身體不舒服的理由跑回家休息了，只有責任心強的她熬夜加班，老闆只是時不時來鼓勵一兩句。

不停地把責任丟過來，卻沒有相應的鼓勵或報酬。然而對於溫順善良的人來說，這種「我把公司託付給你了」的重壓，實在不得不扛下來。

她活得那麼用力，就像轉呼啦圈一樣，氣喘吁吁地原地打轉。

有一年平安夜，學姐一直忙到晚上十一點多，從公司出來，看著熱鬧的人群，突然感覺有點心酸，好像畢業後就沒有平安夜了。

走著走著，比平安夜更寒冷的事出現了，師姐看到幾個同事從KTV裡有說有笑走出來。不對啊，A不是腳扭到了去看醫生嗎？B不是爺爺過生日嗎？C不是有客戶一定要今天簽約嗎？……不敢再想下去，學姐回到家撲在床上大哭一場，哭自己被別人當猴耍。你對別人好，別人未必會回報你同樣的好。

善良的人，想要在職場生存下去，首先要學會的就是明確底線。所以下定決心改變自己的學姐，再也不幫同事拆彈了，也和老闆攤牌了，說再這樣壓榨她，她立刻辭職。

老闆可以說相當震驚，因為他一直覺得學姐所做的都是理所應當的。沒辦法，老闆和公司都不能沒有她，只有拼命加薪挽留。

我不主張你有事沒事和老闆攤牌，學姐敢攤牌也是因為自己能力在那兒擺著呢。但是有件事你要明白，善良不是你的保護色，你要讓人看到你的底線在哪裡，而不是縱容別人侵犯你的權利。

不要暗中奉獻，不要默默犧牲，並且覺得別人有一天會感動。這種行為跟盜刷別人信用卡，等別人醒悟過來發現自己多了一筆債是一個性質。讓別人在不知情的情況下背負債務，這是詐騙。

善良不是自我陶醉。真正的善良，是能夠設身處地地站在對方的角度著想，而不是以自我為中心的同情、施捨和憐憫。真正的善良是頭腦清醒，懂得思考與分寸。

善良是很珍貴的，若是沒有長出牙齒來，那就是軟弱。面對複雜的世事，我們需要判斷力，拒絕愛心被消費，但不是讓你對苦難無所作為、無動於衷，不是讓你失去同情悲憫之心。

應該批判的是說謊者，而不是把矛頭指向人們單純的善良。欺騙應受懲罰，不能因為欺騙就給自己的冷漠找到冠冕堂皇的藉口，無論如何不能失去善良的能力。

你要學會看對象，你的好要留給值得的人。生活不是用來妥協的，你退縮得越多，喘息的空間就越少；日子也不是用來將就的，你表現得越卑微，幸福就會離你越遠。不惹事，不代表怕事。被人欺負了，不能太懦弱，要敢於還回去。

你應當內心有溫度，因為善意是一種選擇；但你的心軟應該有邊界，你的仁慈應該有原則。你從不輕易道德綁架別人，也不應該被別人輕易綁架。

別人做了對不起你的事，你可以放他一馬；別人欺騙了你，你可以放他一馬；別人傷了你的心，你可以放他一馬。但請你記住，你是有脾氣的。

善良與美好，是一種柔軟，一定要用更堅硬的東西來保護，你可以不去扎人，但身上必須帶刺。當你披著一身盔甲站在頂峰時，那些冷冰冰的風，那些淒厲厲的雨，亂不了你的品性，傷不了你的身心。獅子還是很多，但追不上你；惡人還是很惡，但不敢輕易欺負你。

成熟也許就是，接受了這個世界的不懷好意；而強大就是，能夠與這個世界的不懷好意勢均力敵。再也不想問世界：「你怎麼會是這個樣子？」而是默默變成一臉的：「你很壞，我也不好惹。」

我喜歡善良的人，更喜歡看到善良不被辜負。

Chapter —— 11

為喜歡的東西大費周章，才能快樂如斯

煎和熬都是變美味的方式，加油也是。

所謂「要加油啊」，並不是覺得你不夠好，

也不是要你跟別人比成就，而是真心覺得你不止於此，

你值得更好的，你值得被善待、被偏愛，

所以你不能放棄，再努努力吧。

走過必須走的路，才能走想走的路

表妹考托福，四次都沒考好。這一度讓她非常懷疑人生，每天大喊「托福簡直就是蜀道難，難於上青天」。但我知道，她看著是考了四次，其實根本就是混了四次。

每次都是吊兒郎當的準備，考古題也不做，每天隨便翻幾頁單字本就算用功了，臨考前半個月開始抱佛腳，當然抱不住，最後不出意料過不了。

她以前對這個失敗理由完全不認可，誰說她不用功她就跟誰急，理由一抓一大把：

「每天上課那麼累，哪有時間做考古題？」

「室友約好了一起吃飯，怎麼好意思不去？」

「社團組織活動，我不去豈不是顯得很不合群？」

……

表妹的學校還不錯，入學時還有些高中時期的雄心壯志，可是沒有高強度的監管，身心逐漸輕鬆。

堅持了不到一週的晚自習，變成了夜幕剛一降臨便呼朋喚友的逛街購物；早起背單字，週末泡圖書館的計畫，也成了每天早上睡眼惺忪趕教室，到了週末市中心繼續狂歡的優哉節奏。

期末考試有老師提前畫重點，背一背即可，寒暑假只不過是從宿舍的床上轉移到家裡的沙發上罷了。

大學前兩年表妹過得很輕鬆，沒有學業壓力，也沒有錢財吃緊的情況，上課聊天下課聊劇，除了吃吃喝喝，就是買買買。

到了大三下學期，課程變少，但很多同學突然就忙碌起來了。有的要考研究所，天剛亮就不見人了，夜已深才看見疲憊身影背著重重的書包回來；有的要實習，除了上課幾乎見不著面；有的從社團裡退下來，忙著考各種各樣的證書。

表妹突然感覺自己被剩下了。

夢想中的輕鬆生活並沒有帶給她多少快樂，更多的反而是慌亂無措。直到第四次失敗，她終於開始正視現實了。沒有趕上的路，終要付出更多的時間和力氣去縮短距離。

她給自己定了計畫。早上五點起床，拒絕一切遊戲和聚餐；每天至少做兩套考古題，背一百個單字。她媽以前老罵她不專心，後來看她放假回家瘦了好幾圈，又心疼得不行，反過來勸她別學了。

但她真堅持下來了，差不多一年，她沒逛一次街、沒看一次電影、沒玩一次遊戲，她見過這個城市各種時間段的太陽和月亮。她說這次非考好不可，然後真的有了好成績。

年少時的不累，全都會變成長大後的累贅。如果我們能看到自己成年後的樣子，一定不會讓自己過得那樣輕鬆和容易。

向上的路總是辛苦的，要學習那麼多課業，要掌握那麼多技能，要考那麼多證書，要熬夜苦讀。像希臘神話裡那個西西弗斯一樣，一遍一遍地推著巨石艱難上路。但是所有努力的成果，也全部都屬於你自己。

人總是對別人苛刻，對自己無限放低要求。再玩一球、再賭一局、再睡一分鐘，聽起來都是小事，可裡面「自我妥協」的細菌，卻可能侵蝕你的骨髓，讓你一輩子都站不直。

看到別人的好身材，在心裡定下了目標，暗自發誓「我一定要堅持鍛煉」，然後下班回家就躺在沙發上，週末想刷劇，一遍遍地違背自己定好的計畫；看到周圍的人努力考證書、學英語，不斷進步，獲得了更好的機會，於是也買了一大堆學習用書，結果一個月過去，那些書都長灰塵了；上班時，手頭上有一大堆的事情要做，打開工作文檔，又打開各種聊天工具，一上午輕輕鬆鬆就過去了，只能被迫加班，花兩個小時做完今日分內的工作。

懶惰充滿迷惑性，通常走到八十分，都會以為自己已經登上聖母峰了。原諒了自己一次，就會有第二次，第三次，然後習慣性退縮。

其實只要接受自己是廢物，失敗就沒那麼可怕。但是你一方面不接受自己是廢物，另一方面又在過著廢物的生活，這種預期和現實的反差才是你焦慮的根源。

真正能讓你成長的東西，多少得扒掉你一層皮。可這層皮就是你能力的邊界，扛過去了，你就能長出更堅硬的鎧甲。

沒有不可選擇的三十歲，只有不曾努力的二十歲。沒有努力的現在，就沒有選擇的未來。

曾以為的無憂無慮和輕鬆寫意，不過是短暫的逃避而已。那些逃避過的艱辛和困難，並不會消失不見，只會以更加兇猛的方式成為未來的攔路虎。

若非生活所迫，誰願才華橫溢

朋友大花屬於職場很積極的那種人，積極的背後，是因為她堅信努力一把還有上升的空間和成功的希望。

大花人狠話不多，有著「撞了南牆也不回頭」的狠勁。認定目標，即便希望渺茫，也會堅持到底。即便明知自己選擇的路是最難走的一條，也會義無反顧。而有這樣狠勁的人，注定走到哪裡都不會是弱者。

弱者會因為夢想面前稍有阻力，便躊躇不前，甚至放棄；可強者卻說，世界上最可怕的從來不是失敗，而是我本可以。

看似橫衝直撞，在職場裡到處得罪人的大花卻偏偏過得遊刃有餘，深得上司器重，為什麼呢？

自然是因為有底氣。她的底氣來源於兩件事：一是實力夠強。這樣的人，誰都喜歡用。二是很會做人。她處事果決，對傷害自己的人，必會予以反擊，卻又始終保持內心的善良和純真，為值得幫助的人赴湯蹈火，問心無愧。這樣的人，大家都願意和她合作。

大家都說大花對自己太狠了，完全沒必要如此折磨自己，而大花只是笑笑不說話。

其實大花以前不是這樣的人，剛畢業時，朋友們都慢慢開始存錢了，她不願意，想著讀書時日子過得很省，現在終於賺錢了，此時不享受更待何時。

想吃就吃，想玩就玩，自己賺的錢，就算存下來，也買不下來一個廁所，不如換個生活方式。每個月，前半月是皇帝，說買就買；後半月是乞丐，窮到吃泡麵和吐司。日子就這樣流水似的過去了。

直到有一天，媽媽打電話說她爸爸住院了，讓她帶著錢回來。

大花慌了，她以為這事離自己遠著呢，爸爸明明才五十歲的人，怎麼說病倒就病倒了呢？

說到錢，那些花掉的錢，怎麼一下子就要用來換命呢？已經是下半月了，大花身上不到五千塊。好不容易和幾個朋友湊了二萬塊，到了醫院，就看見媽媽在病房門口坐著，憔悴了不少。

媽媽說，爸爸是急性心肌梗塞，需要馬上做手術，醫院在等著收錢，錢收到了，才會進一步治療。

大花拿出二萬塊，媽媽苦笑著說，這連兩個晚上都撐不了。好在親戚們東拼西湊了手術費和住院費，才把爸爸搶救回來。看著爸爸躺在床上，大花完全沒有劫後餘生的喜悅，有的只是害怕。

自己是怎麼走到今天這種境地的？

公司也曾安排調崗位，可以賺得更多，可是她覺得新崗位離自己住的地方太遠，開拓新的業務又免不了早出晚歸，加班熬夜，不想過得那麼辛苦。

花錢的日子，又總是比賺錢的日子痛快，自己也不想大富大貴，日子簡簡單單、任性一點就好。

事到如今才發現，「舒服」這兩個字，是很貴的。自己好像只能承擔順境的生活成本，一旦發生變化，根本沒有還擊之力。二十幾歲的任性，通通變成三十幾歲填不完的坑。這樣的生活不是歲月靜好，是苟且偷安，是開著一輛剎車失靈的車在馬路上狂奔。

從那以後，大花就對自己特別狠。她的狠，不是心狠手辣，不是不擇手段，而是對目標捨得下功夫、花心思。越狠的人往往越清醒、越自律，越清楚自己想要的是什麼。

連觀眾都不再喜歡電視劇裡白蓮花、聖母這種角色了，其實也是當代人內心的一種折射。畢竟人活一世，需要的狠勁和韌性，遠比柔情來得恣意瀟灑。

人的努力，真的應該趁早，當你的承擔能力大於生活的風險時，即便中途翻車拋錨，也能及時止損；當你靠向生活借貸度日時，每一次索債都讓你措手不及。

想成爲更好的自己，也許要用上吃奶的勁

我表姊做過幾年演員，後來轉行才當了模特公司的經紀人。

很多人以為做模特就是露露臉，拍拍照，偶爾接點廣告就可以毫無壓力，錢嘩嘩嘩地湧來。可是，現實真不是這樣。

模特公司每年都會培訓新的模特，最後能被選中簽約的就幾個人。剩下的並不都是被淘汰了，而是逃走了。

每天各種訓練，為了身材長期節食，很多女孩常年只吃蔬菜、水果，更不要說為了上鏡頭顯瘦，自己悄悄去醫院磨骨的。

就算簽約了也未必都能紅，因為新人剛出道還要經過漫長的業界考察期，這段時間是最折磨人身心的，很多人長期接不到工作，沒有廣告商接洽，心理上就受不了了。最後真能有知名度的都是對自己最狠的那一個。

但是，總是有很多但是，因為人生就是充滿了轉折，有了知名度你就更停不下來，這一行並不是靠臉和身材就能成功的。

表姊自己也做過模特，真的是超級累，有時候工作多起來，白天走秀，晚上穿梭於各個攝影棚，第二天起來照舊。沒有工作時更焦慮，擔心不被廣告商喜愛，所以拼命健身、美容，真是需要特別強大的心理素質。

我表姊總記著她剛出道時，她的經紀人和她說過的一句話：「要想成為炙手可熱的模特，只有拼盡全力。只有走完所有艱辛的關卡，才可以站在大家面前毫不膽怯地說，我是一名頂級模特。」

有些東西，你奮力一搏，可能就有了，你稍一退縮，可能就沒了。可幾年後，當年的進退之間就是人和人之間的巨大差距。

很多人都嚮往優秀，希望自己更上進、更聰明、更努力、更有志氣、更能吃苦，也更健康和苗條，可是，每次吃飽就只想睡覺，然後對自己說：我明天再成為更好的人吧。

你是想要在當下活得舒服，還是願意為未來放棄一點此時此刻的快樂？這才是老天最可怕的地方，你以為它給了你兩個選擇，最後卻發現，活得舒服只是一種幻覺。年輕時那條好走的路，不過是把坑留給以後。

曾經在網路上看過一個女孩的故事，她獨自一人在大城市闖蕩，心心念念想要一個房子，拼命賺錢存錢，過著別人不能理解的苦日子。終於在很偏遠的地方買了一間超級小的房子，可躺在床上那一刻，她說從來沒有這麼滿足過。也許她不是喜歡房子，而是喜歡那個為目標拼盡全力的自己。

我不太相信努力就能成功，但我深信只要不放棄，人生就會有救。努力不一定能把你推上人生巔峰，但一定能把你拉出人生低谷。

普通人很少會走到無路可走的境地，大部分人的絕望，都是一小半困難加一大半矯情的配方。面試幾份工作沒通過，就覺得人生無望了；和父母愛人吵個架，就覺得人間太冷了；甚至週末加個班，就感歎「不是人過的日子」了。說到底，是把人間想像得太好，心理承受能力又太差。

為什麼會覺得人生是需要苦熬、需要硬撐，有時候還力不從心，事不由人？是因為我們的能力還沒有到達能讓自己遊刃有餘的階段。

生活本來就很難，若沒難過，那是老天垂青；若在難中，也是本該承受。也許你以為的艱難，並不是來自周圍的荒蕪和貧瘠，而只是你想要的，原本就不容易得到。

你要收起沒意義的脆弱、矯情、玻璃心，逼著自己再低低頭，再狠狠心，去做以前不肯做的事，付出以前不肯付出的努力，當你變強大了，就再也不會輕易被生活打翻在地了。

幸運的是，成為一個優秀的人是一項完全可以操作的事業。從外在的容貌到內心的品格，手中的財富到眼中的品位，每一項都可以通過決心和努力進行逐步的改進。

生活不是有著浪漫主義情懷就會變得更好，想要遇見更好的自己，一定會經歷很多痛苦，再經歷比那更多更多的痛苦。然後發現，它們是有極限的，而你沒有，這中間靠的就是自己一路堅持又虔誠的努力。

最後，為什麼要成為更好的人？因為會有人在你不知道的某個地方，某個時刻，悄悄地感歎你：這個人，可真酷啊。

Chapter — 12

世上所有的驚喜和好運，都是你積累的人品和善良

任何一種人際關係，

在一起的時候，見的是姿態；分開的時候，見的是人品。

能力決定你的上限，人品決定你的下限，

下限太低的人走不了太遠。

給別人留餘地，就是給自己攢人品

前段時間同學聚會，席間同學講了一件真事。

同學是青年創業企業家，有一次他在飯局上遇到一個人，兩人閒聊起來，對方自稱是某上司的好朋友，還說自己和上司關係特別好，中午還一起吃了飯。殊不知，同學才剛和該上司一起吃了中午飯。

同學說：「這種人我真是見得多了。有一次更離譜，我遇到一個自稱跟我很熟的人，說和我是從小就認識，說得有鼻子有眼的，我差點懷疑是自己失憶把他忘了。」

我挺好奇這種情況下，同學會怎麼辦，於是問道：「你當面戳穿他了？」

同學的回答讓我意外：「怎麼可能啊！看清一個人沒必要戳穿他，除非他真的損害了我的利益，不然怎麼也得給人留點面子。」

人都怕風水輪流轉，所以我們更加認同，忍一時風平浪靜，再見面才能海闊天空。

前幾天，我也遭遇了一場特別尷尬的場面。

事情是這樣的，早晨上班時，在電梯裡偶遇副總Amanda，打過招呼，我就默默不說話了。電梯裡還有其他部門同事，圍著Amanda討論她新買的包包，Amanda天生麗質，身材姣好，再加上包包的加持，更多了幾分美豔動人。

這時，另一個副總Betty進來了，其他人剛好到了就下去了，電梯裡就剩我們三個人。平時這兩人就是死對頭，我心頭一緊，莫名覺得要有不好的事情發生。

果然，Betty一眼就掃到Amanda的包，就問：「喲，這款包包現在多少錢了？」Amanda輕拍了一下自己的包，回應道：「托朋友在國外買的，三十四萬左右吧。」「給我看看吧，我也一直想買呢！」說完也不等Amanda同意，直接拿過來，又說道，「啊呀，你這款包包是假的吧。」然後一頓列舉證據，什麼黑色皮包沒有配過金屬扣，我用餘光掃了一眼Amanda的臉，相當難看。

Betty一臉幸災樂禍，還不忘多踩一腳：「也許你這是限量版吧，不然就只能是假包包了。」

顧城的《門前》裡說：「我們站著，不說話，就十分美好。」而現在電梯裡的情景是，我們站著，不說話，場面一度十分尷尬。我當時多麼希望有一個黑洞讓我鑽進去，為什麼我要陷入這麼尷尬的境地，我只能祈禱，她們看不見我，看不見我……

女人何苦為難女人，以Amanda的薪水，絕對不會買假包包，至於中間出了什麼差錯，那就不得而知了。但是Betty這麼一鬧，兩個人的矛盾就更深了。

日常相處，若能彼此顧及顏面，那便是善良了。不讓人下不了臺，才顯出人心敦厚。酸人一時爽，可是你想啊，酸人的話誰不會說呢？因為要做善良美好的人類，我們不願踩著別人的痛苦來開心。

別總想著扮演辯論家，上演「奇葩說」。人和人的敵對關係，永遠是殺敵一萬，自損三千；心和心的敵對關係，永遠是畫地為牢，得不償失。成熟通透的人，應該心中透亮，言語矜持，以不戳別人痛點為原則。

人和人之間的相處都是相互的。你若不給別人留餘地，別人也不會給你好臉色；你若事事咄咄逼人，別人也會對你步步緊追；你若使人難堪，別人也不會給你臺階下。

郭德綱說過：「得饒人處且饒人，山不轉水轉，人生在世，誰都會有馬高鐙短，山窮水盡的時候，留一些餘地，是給自己一些退路。」

給別人留餘地，也是給自己攢人品。所謂的「福報」，並非空穴來風，只是過往的積累而已。

這不是虛偽，這是人際交往的重要法則，既能給對方面子，又不必違心地恭維，某種程度上，這是一種雙贏。

乞丐拿著純金的飯碗乞討，還是鍍金的飯碗乞討，跟你又有什麼關係？懂得給別人留面子，是一種為人處世的實力，別人和你相處起來也舒服，不是嗎？

能力不高可以原諒，人品不好不能將就

這幾年，我也見過不少敗壞自己人品的事。

吳雙雙的堂妹蘇蘇找工作，我推薦她去了朋友阿芝的零食公司做銷售。一段時間後，我向阿芝瞭解情況，她說蘇蘇很聰明，做得不錯。我還挺高興。

結果沒幾天，蘇蘇忽然哭著給我打電話，說阿芝對她有誤會，要辭退她。

蘇蘇說，一個客戶對她有好感，她明確拒絕了，結果對方惱羞成怒，跟阿芝說了她很多壞話。阿芝信以為真，要辭退她。她不想走，但怎麼解釋都沒用，希望我去幫她說句

話。

蘇蘇哭得可慘了，我趕緊約了阿芝見面。提到蘇蘇，阿芝的表情也苦兮兮的，並和我說了完全不同的版本。

阿芝說，蘇蘇本來是挺好，說話做事乾脆俐落，業績很突出，但忽然有兩個她手裡的大客戶都終止合作了。阿芝覺得奇怪，親自去問。

客戶說：「你們承諾的事情都做不到，沒辦法再合作了。」

阿芝這才知道，原來簽合同的時候蘇蘇承諾一大堆優惠政策，什麼買五送一，無條件退貨……總之滿嘴說大話。客戶要什麼她就答應什麼，其實根本做不到，人家自然很不爽，不願意再合作。

「那客戶對她有好感被她拒絕的事呢？」我問。

阿芝更是哭笑不得：「根本沒有，客戶把聊天紀錄截圖給我看了，人家根本沒什麼，倒是她一直很主動……我真不敢留她，做成一單跑一個客戶，全是一錘子買賣，有多少客戶給她糟蹋？」

一點都沒錯，換我肯定也會請她走。

這事還沒完呢，吳雙雙後來讓我約阿芝一起吃飯，我以為是要給蘇蘇打抱不平，連忙把事情的前因後果說了，吳雙雙堅持要約一下。

沒想到吳雙雙上來就是一頓道歉，她說自己那個堂妹是什麼樣的人她很清楚，見到她一頓哭訴說給人打工受罪了，把阿芝公司踩得一無是處。

吳雙雙沒寵她慣她，對她進行了嚴厲的批評，踩踏前公司和踩前任一樣是大忌，自己不行還怪別人。吳雙雙氣得夠嗆，一連喝了幾杯酒，說回去還要繼續訓蘇蘇。

我們連忙勸她算了，小孩子要慢慢教，其實心裡想的是：對，使勁訓她，讓她長點記性。

尊重前公司是值得重點加粗敲黑板的，把前公司踩得一無是處，來了把現任公司也踩得一無是處的可能性是百分之百。

職場就是一個濃縮的江湖，背後說壞話是小人行為。總有一天，抬頭不見低頭見，互幫一把隨時都會發生。

如果一個人的能力是發動機，那麼人品就是方向盤。方向正，人起碼能走正路，大不了能力不濟走不遠；若方向不正，發動機轉得越猛，越容易通往災難。

生活中確實有些事情，很難用肉眼判斷利弊。比如有時闖紅燈、騙客戶、欺負弱小、占朋友便宜、在該買單時躲進洗手間……貌似感覺非常良好，沒看到任何壞處。但你得知道，那只是眼前。如果放眼一生，你做過的那些降低道德底線、折損自己人品的事，很可能會一件一件聯起手來制裁你。

做人，千萬不要失信於人，辜負別人的信任，就是切斷自己的後路；傷害別人的真心，就是毀掉自己的品行。即使別人原諒了，釋懷了，心中的芥蒂不會消除，留下的疤痕很難撫平。

誰都不傻，老天也不瞎，利人的事做多了是會利己的，而損人的事做多了，也會損到自己。

想長期獲得最大利益，還是得認認真真攢人品：不撒謊，不作惡，善待他人，遵守規則，該盡的義務都盡到，答應別人的事儘量都做到。這漫長一生，還得靠好人品伴你遠行。

堅持良好的品格，你就始終有行走世間最大的底氣

越是經歷過人生起伏的人，越能明白人際交往中人品的重要性。鑒別人品最好的方式是，看一個人的原則和底線，並且看他對原則和底線的堅守。一個人可以改變行為，但改不掉的是行事的模式和性格特徵。

不僅要看他做了多少好事，還要看他困頓不得志時，堅持不做什麼，這個「不做」恰恰反映了做人的底線和原則。私德之所以重要，是因為它決定了一個人的公德能走多遠。

以前公司有一位經理，風評非常差，真本事沒有多少，卻極盡阿諛奉承之能事。他最大的愛好，就是到上司那裡打小報告，又善於猜度上司的心思，順著上司的想法，回饋上司最在意的問題。

比如某某與客戶有不正當的接觸，公司的餐廳是某某家承攬的，某某的老公在與我們有合作關係的物流公司任職……

為了達到自己的目的，總會憑空捏造子虛烏有的人物關係和事實。靠背後論人是非來獲得領導的認可，短時間內確實受益了。可是這世上沒有不透風的牆，說過別人的壞話，

早晚會被人家知道。

而且他還特別善於看上司的臉色，比如某段時間上司對誰誰的工作比較滿意，他必定會對這位笑臉相迎；如果上司對誰吹鬍子瞪眼，他一定會對其吹毛求疵。

大家都不敢跟他說話，擔心自己不小心說出的某句話，轉個彎，變個味到了上司那裡。他成了全公司裡人緣最差的人，沒有之一。

正所謂風水輪流轉，蒼天饒過誰。吃他這一套的上司離職了，新來的上司對這些不感興趣。

有一次，新上司一進辦公室就問某個方案是誰做的，該同事馬上搶先一步說是自己做的，其實他就在一次選題會上說了幾句話。結果上司劈頭蓋臉把他一頓罵，大家都在默默忍笑，此事讓大家心裡十分痛快。

他那一套在新上司那裡完全不起作用，最終這位人品口碑極差的經理，被淘汰出局。

什麼是好人品？在任何時候，不會踩著別人的肩膀往上爬；在任何時候，不會看低其他人；在任何時候，不會失去自己的原則。

很多人覺得，守住原則，是對別人負責。其實原則最能保護的人，是你自己。

你的原則，就是你的人格，你的原則在哪裡，你的人格底色就在哪裡。你的原則，就是你的價值。你的原則在哪裡，你的價值就在哪裡。沒有原則的人賺再多的錢，都不值錢，因為那是出賣靈魂。

你可以狡黠，可以圓滑，可以裝傻，可以懶散，可以不適時地計較，過分敏感，可以有些不知足、暴躁、嫉妒、小氣。但要記得提醒自己，必須堅守好人品，盡力坦蕩，永遠正直。

人品這個東西，平時沒什麼大用，有時甚至看起來很累贅，但是關鍵時刻守住一次，或許就能挽救你的錢，你的前途，乃至你的生命。

你的今天是為未來買單，你現在做什麼，或遲或早都將獲得同等的回報。而堅持良好的品格，你就始終有行走世間最大的底氣。你落魄時，那雙伸過來的手；你失意時，別人對你說的滾燙的暖心話，一定是因為你曾對別人說過。

Chapter — 13

你沒有不如誰，你只是自亂了陣腳

時間存在的意義不是讓你拼命追趕，
而是告訴你，你在哪一年決定要去做一件事，
幾年過去，你是成功了還是失敗了，你是放棄了還是仍舊在堅持。
不必著急求結果，也不必忙著去追趕別人，
你只管全力以赴，未來自有無悔的結果和意外的驚喜。

著急趕路的人，是沒有生活的

有位朋友是開培訓機構的，他說培訓機構裡有一種很奇怪的現象，就是交了錢不按時上課。

每門課剛開班的時候，學生們都很整齊，很少有缺席的情況。等過了一段時間，各種各樣的請假理由就來了：老師，昨天孩子寫作業寫到很晚，就不來上課了；老師，最近我開始放年假了，帶孩子出去玩，可不可以調一下上課時間；老師，孩子最近太累了，請個假讓他休息休息……往往到了學期末，學生們的學業成果差別很大。

他印象最深的一次是，有一位家長聽說他們的學員在芭蕾舞比賽上拿了大獎，還被邀請出國表演，就興沖沖地帶著孩子來報名。

老師再三跟家長強調，那個孩子能得獎是因為她有天分，還從不曠課，平時練習的時間也特別長。家長也一再強調自己家孩子從小就喜歡芭蕾舞，肯定能堅持下去。

結果不到兩個月就打退堂鼓了，詢問原因，家長說孩子沒什麼進步，準備學點別的。

如果你只看到別人到達了目的地，卻從不關注別人走了多久，那你怎麼可能達到別人的成就？渴望自己能說一口流利的英語，卻又嫌背誦ABC太麻煩；希望通過鍛煉讓自己身體好，卻常常走十分鐘都嫌累；總想一步登天，幻想自己站在塔尖，卻連梯子都懶得搬。

凡事欲速則不達，你不能既想要美好的結果又不願承受辛苦的過程。世間一切追求都是等價交換，你定的目標越高，走的路程就會越辛苦。

我有一位朋友，從酒店前臺開始做起，再到部門經理，一直做到酒店總經理，最後成為其中一位股東。

別人問她怎麼做到的，她說：「我沒想到能夠走到今天，只不過想踏踏實實把自己手中的每一份工作做好而已。」

那些真正努力的人，從不會抱怨自己那麼努力為什麼沒有成功，因為他們沒有時間抱怨，他們只會認準目標，不斷推進。反而那種只稍微努點力，三天打魚兩天曬網的人，看到別人有所成，就大喊命運對自己不公平。他們沉不下心，彎不下腰，磨練自己的時間太少。

如果你不靜下心來把事情做好，總想快速成功，最後的結果只有兩種：一種是永遠都不會有成就；另外一種是成就猶如煙花，轉瞬即逝。

浮在地面上的種子很難生根發芽，紮根在泥土深處的幼苗才能長成參天大樹。你內心沉澱的厚度，決定了做人境界的高度，也決定了多年後你是否有所成就。

在抵達目標之前，每個人都要走一段漫長的路，走到半路是最困難的，因為已經付出了太多，卻依然看不到盡頭。此時，唯有沉得住氣，踏實走好每一步，才不會迷失。

真正把一件事堅持到最後的人，往往靠的不是短暫的激情，而是恰到好處的喜歡和投入，靠的是習慣和一種不被察覺的持續努力。

在光芒萬丈之前，我們都要欣然接受眼下的難堪和不易，接受一個人的孤獨和偶爾的無助。第一次掌聲可能來得很晚，只要你不放棄，它就不會缺席。

走得太急，難免漏洞百出

快是時代的大勢所趨，也是時代的硬傷。

比如快錢，我對賺快錢一點意見都沒有，相反，我覺得能賺快錢的人都是有本事的人。比如直播，還有這幾年很紅的短影音「抖音」，看似誰都能賺到錢，但真正賺到錢的人很少。

我認識一個直播教人做美食的女生，不光教人做美食，還直播吃飯，收穫粉絲無數。本以為日子應該不錯，結果提起做直播的日子，她也是慢慢紅了眼睛。

每天買食材、準備、做飯、吃飯，麻煩又辛苦，只是看著快樂，根本賺不到錢。晚上睡覺都在想著新菜式，做夢還經常磨牙。

都說站在風口豬都會飛，卻沒人知道，豬想留在風口要付出多大努力。

站在風口的運氣，吹脹了太多人對自己的判斷力，以為自己厲害了，但是有一天不颳風了，你怎麼辦？要想賺快錢，需要運氣，需要實力，還需要一點敏感的神經，隨便一條，都能刷下來好多人。

查理．芒格說：「全世界的富人都在做三件事：趕趨勢、找平臺、抓機會。想要快速賺到錢，要緊盯時代的趨勢，善於發現機會，果斷下手。」

想快速賺錢，無可厚非，畢竟先下手為強，後下手遭殃。但快這個東西，是把「雙刃劍」，能帶你迅速爬出底層，也有可能把你帶入深淵。

之前通過朋友介紹認識了一個女生，幾年前見面時還是長相清秀，非常單純的樣子。可現在她每天在社交平臺裡發出來的照片，完全就是網美「套路」。一會兒來個人均二千的下午茶，一會秀名牌包奢侈品，每個月再來一次出國旅行。

在我好奇她是做什麼工作既能賺錢又保持自由時，卻無意間在其他人的社交平臺上看到了不少眼熟的「類似」照片。明明是獨一無二的人，卻偏要活成了複製貼上的機器。

看到別人靠外表能圈粉，就跑去複製同款；看到別人發幾句感悟吸引了大堆讀者，就直接複製過來，當作自己的心情。但模仿得再像，也沒有原創那麼好看，根本談不上高級。

也許短期內嘗到過一絲甜頭，但所有命運贈送的禮物，早已在暗中標好了價格；所有急功近利取得的成功，早晚都會變成轉瞬即逝的人生泡沫。

理由再簡單不過，走得太急，難免漏洞百出。

今天你可以靠打賞吃一頓昂貴的下午茶，可是明天呢？明年呢？今天你可以靠直播吃飯日進斗金，可是明天呢？明年呢？時代更新換代的速度如此之快，也許有一天連Youtube這個東西都沒有了。

賺錢的形式總是不停變換，唯一不變的是賺錢的本事。可很多人沒想明白，那到底是什麼。

現在的人都有賺一個億的理想，卻只有一天的耐心。可一旦缺少耐心，人就容易盲目。

忙著賺錢，不過是消耗最值錢的資本：時間。大部分人所謂的財務自由，不過就是偶爾有錢。

生活的壓力那麼大，每個人都逼著自己快跑。都說窮是因為懶，但懶不懶其實是相對的，就算你已經拼盡全力，比別人慢也於事無補，所以和時間賽跑成了不少人的座右銘。房價飆升、物價飛漲，買房得玩命賺錢，租房很可能要命，但有時候，真的要講究一點節奏感，張弛有度，才能收放自如。

東野圭吾說：「沒有腳踏實地建立起來的東西，就無法形成精神和物質上的支撐。」從0到1或許需要野蠻生長，但最終我們都需要有從1到100的耐心和腦子，錢來得越快，瓶頸來得越快。無論賺錢多麼刻不容緩，有時候也得緩一緩。

使唐僧成爲唐僧的，不是經書，是那條取經的路

曾有朋友訴苦，畢業幾年換了幾份工作，每份工作都很拼，卻始終得不到晉升的機會，感覺特別挫敗。不只渴望成功，還渴望馬上成功。

很多人都說自己不怕辛苦，但都只喜歡快速見效的努力，最好是連拼三天三夜，一週就有回報。如今，急功近利成了許多人的通病。

想賺大錢卻不肯從零做起，總想著自己要比別人高一個臺階，卻對「馬上開始」視而不見；抱著暴富的心，日常還是逛蝦皮、刷IG，把手機桌布換成「一夜暴富」，然後活在「我要有錢了」的臆想裡。

大多數人的焦慮其實就是野心遠遠高於能力。有野心不是不好，但是野心不能只靠妄想。

誰都願意去做見效快、短時間內就能看到成果的事，但沒有哪一個行業能在短時間內產出巨大成效，哪怕你見過別人一夜之間平步青雲，可機遇背後的積累你根本看不到。

所有的成功都是慢慢熬出來的，不做好厚積薄發的準備，再好的機遇給你也白搭。沒有輸入，只有輸出的消耗式努力，注定會後勁不足；而缺少扎實積累和底氣的成功，也很難經受住時間的考驗。

盛田昭夫說：「所有我們完成的美好事物，沒有一件是可以迅速做成的——因為這些事物都太難，太複雜。」

成功從來都沒有「快」字一說，人生怎麼走，岔路怎麼選，都掌握在自己手裡。把時間軸拉長來看，時間只會給那些用力生長的小孩更多的糖果獎勵。

我身邊有不少事業成功的朋友，年紀輕輕就身居高位，輕鬆月入十幾萬。但是他們的成功不是老天眷顧的，全是親自打拼。

有人羨慕他們活得著急且用力，但我更佩服他們有清晰的目標和毫不動搖的決心，而且肯為之奮鬥。明白生活的切實需要，腳踏實地去實現；能理解消費和投資的區別，能權衡當前的收入水準該滿足多大的欲望；懂得眼前的短期享受，也知道為實現夢想犧牲當前的享樂蓄勢努力。

最怕為了詩和遠方不顧一切的人，看似放蕩不羈浪漫愛自由，實則是好高騖遠愚昧無知的享樂主義。

張愛玲說：「出名要趁早。」但很多人誤解了這句話的意思，「出名要趁早」是有前提的，就是你要有足夠的能力去承接這份名氣。不是越早成功越好，而是在你寶貴的青春時期，懷抱夢想，腳踏實地去努力，這樣才能過得超值。

我們都喜歡快意恩仇，喜歡馬上就贏，想有捷徑走一走。

但現實經常是，給你一個從來沒學過、沒接觸過的東西，讓你在規定時間內做出來。你只能硬著頭皮去做，最後做出一個慘不忍睹的東西。被挑各種刺，說各種不行。

你很痛苦，然後各種改，經驗就這麼積累起來了，誰都一樣，沒有捷徑。能力的提升都是一次次的趕鴨子上架的過程。因為人生的迷霧，必須自己去穿越，淋漓盡致地去體驗。

著名哲學家馮友蘭說過：「看《西遊記》的人總會問，孫悟空既然有那麼大的神通，為什麼不帶上唐僧，駕上筋斗雲，翻上西天，而要跟著唐僧一步步地受盡辛苦呢？回答很簡單，唐僧的路是要他一步一步走的，否則他就不能成佛。」

使唐僧成為唐僧的，不是經書，是那條取經的路。

Chapter — 14

悲觀者往往正確，但樂觀者更容易成功

日子有好有壞才有驚喜，

要是一眼望到終點，大概也就沒什麼勁頭了。

正是一次次捉襟見肘、進退維谷，又一次次柳暗花明、絕境逢生，

才讓生命在其間譜寫篇章。

太過順利的人生是沒有厚度的，一頁紙就寫完的故事有什麼意思？

掉進水裡不會淹死，待在水裡才會淹死

我以前斷斷續續學過幾次吉他，總是彈了幾個月就放棄了。本來也沒什麼大志要成為吉他手，純屬消遣，至於音樂造詣，根本沒有。

認識一個老師，姓余，以前在音樂學院教吉他。退休之後，很多人慕名而來，請他幫忙輔導孩子，余老師一般只輔導熟人，也不收錢，就是消磨時間。我當然也是慕名而去，可惜學了兩三個月，就放棄了，不過和余老師倒成了朋友，沒事就去看看他。

有一次我去看望余老師，正好有一對父女也在。

這位爸爸有點社會地位，托了好幾層關係，找到余老師，余老師推不過就同意了，並讓孩子帶著自己喜歡的曲譜過來試一下。家長和余老師寒暄半天，態度很是謙恭。

開始上課，余老師說：「譜子拿出來吧，彈一段我聽聽。」

小女孩開始翻書包，翻來翻去，聳聳肩說：「忘記拿了，在家裡。」回頭對她爸爸說：「爸爸，譜就在我書桌右邊第一個抽屜裡，你去幫我拿過來吧。」

爸爸站起來，抬腳就要走。

余老師卻叫住他，說：「孩子，你收好東西和你爸一起走吧，今天的課不上了。」女孩十六七歲，余老師的話顯然讓她很吃驚，估計從來沒有人和她這麼說過話。當時臉就變了顏色，嘴一噘，頭一扭，分明就是生氣了。

當爸爸的趕緊賠著笑說：「余老師，家離這不遠，開車來回二十分鐘，我們一定下不為例。」

余老師說：「學習，尤其是基礎教育，最重要的不是聰明，也不是努力，而是學生要知道，學習是自己的事情，自己的過失要自己承擔。」

余老師發難，並不是孩子忘了帶曲譜。誰沒有「忘了」的時候，可是「忘了」畢竟是一個疏忽，是一個造成了既定困擾的錯誤。無論有心還是無意，既然錯了，至少要有自我檢討的態度。

如果不需要為自己的行為付出代價，就永遠都不會覺得自己有問題。人都會犯錯，但起碼你要對自己的人生有責任感。

兒童和大人之間最本質的區別，並不是懂不懂三角函數，會不會英語，能不能背得出唐詩三百首，而是面對人生，面對選擇，是大筆一揮寫上自己的名字，還是左顧右盼，在人群中尋找自己監護人的影子。

我們隨口說的「無所謂」、「我都行」、「聽你的」，看似很隨意，其實是把選擇權推出去，不想承擔責任。這些話的潛臺詞不是我寬容，把選擇權留給你，而是我不想承擔責任，你來選，選好選不好，責任不在我。

責任是燙手的山芋，到手的橄欖球，能拋多遠拋多遠。沒有責任，沒有壓力，就沒有問題。

保護自己的後代，是父母的責任，也是天性，無可厚非。親情總是深厚而盲目，從小到大，只要有父母的地方，我們常常被包容疼惜，不必承擔後果，習慣了依靠。最嚴重的後果，也不過是說一句「下不為例」，就是一秒鐘的過場，絕不會往心裡去。

一個沒有主體感、不敢擔當的人，是永遠長不大的。所謂成長，就是對自己人生有責任感、能承擔。再愛、再親密、再不舍，靠父母、靠愛人、靠朋友、靠子女，人這一輩子，沒有一個人可以替你承擔所有的責任。總有一段路，誰也靠不著，誰也靠不上，只能自己扛。

太過順利的人生有時是一種災難，當你的精神世界一直停留在風和日麗的世界裡，沒有成長，不足以面對人生的困境時，事情就有點不妙了，等到狂風暴雨來襲時，一個小小的浪頭就足以讓你爬不起來。

人生很長，陽光會有，暴雨也會有。只有擁有強大的心智，才有可能面對人生大部分的危機，而在艱難裡練就的絕不放棄的心性，也會成為你對抗挫折的最強大的武器。

真正的底氣，從來不是靠虛張聲勢，而是靠自身的絕對實力，只有具備真正的實力，你才敢在暴風雨來襲時，淡定從容地說一句：沒關係，我不怕。

人生充滿了各種破事，但你說得最多的就是沒事

還記得我那個花好幾萬塊買包包的表姊嗎？如果你以為她就是我身邊最厲害的購物狂，那麼你要失望了。瘋狂如我表姊，在一個人面前也會相形見絀，黯然失色。

她叫楓華，是我媽媽的朋友，第一購物狂的美譽非她莫屬。楓華姨家境優渥，從小住高檔豪宅，讀私立學校，十幾歲就開始逛名店，進出高級場所，興趣愛好就是買買買。

後來，她在外國留學時，認識了她的前夫。他是學金融的，英俊帥氣，有型有款，溫柔體貼，有腦子有本事，符合了她對愛情的一切想像。

兩個人相識不到一個月就要結婚，別說是二十年前，就是在現在也算閃婚啊。

婚禮的盛大和豪華自不必說，婚後的楓華姨還是一如既往地買買買。衣服不是按件來買，而是按排，鞋子保守估計一千多雙，香水擺滿一個陳列櫃。

幾年後，她老公因為一次投資失誤，事業遭受重創，但是並不影響楓華姨買買買。伴隨經濟危機而來的是感情危機，兩個人之間裂痕越來越大，最終離婚。

離婚之後，前夫到處詆毀楓華姨，說她敗家，不僅敗光了他所有的錢，還讓他負債累累。而楓華姨始終姿態很優雅，從未在背後說他一句壞話。

離婚時，楓華姨三十多歲。見高拜，見低踩不是什麼新鮮事，周圍的很多人都對她嗤之以鼻，罵她敗家，還說她沒有了男人作為依靠，再也買不起名牌了。

都說人言可畏，但楓華姨淡淡一笑，那氣勢依舊是「老娘還能再戰五百年」的樣子，衣、食、住、行各種花銷照樣不肯縮減，也不用娘家人幫忙。

我印象最深的一次，她來我家做客，當時我才幾歲，她給我帶了一塊蛋糕，一看就是高級蛋糕店出的，特別好吃。

我一邊吃得滿臉都是，一邊看著她和我媽聊天，不知道為什麼，我對那天的場景特別難忘（當然不是因為一塊蛋糕），她的側臉如此精緻，端著茶杯談笑自如，沒有一絲愁容，美中還自帶一份脫俗。

人可以有霉運，但不可以有霉相，楓華姨算是把這句話貫徹到底了。最重要的是，這位悠遊了三分之一人生的女人，竟然開始工作了。

起初只是教富人朋友穿搭造型，賺取傭金，因為眼光獨到，品位高，有些商家也來找她幫忙造型和發現有潛力的時尚品牌做代理。

據說最忙的時候，她要接十幾個邀約。不是沒遇到過低谷，但她天生倔強，有自己的底線，再艱難，也不容許自己墮落。她涉及的領域越來越多，到最後，自己開了好幾家店。

長大後我才明白，為什麼我對那天的場景念念不忘。是因為她身上有一種光芒，是對現實生活的不認輸和不妥協，是在遇到艱難險阻的時候勇於面對的勇氣，是經歷過這麼多坎坷依舊對生活充滿熱愛的決心。無論人生境遇如何，她始終保持了那份灑脫淡定的底氣，也從沒失去天生的驕傲和矜貴。

這個故事其實不是什麼值得學習的人生範本，但我欣賞她永遠生機勃勃的狀態。你拿她當笑話看，但她內心強大，照樣活得有聲有色。即使跌下神壇，仍保持優雅體面，而且不自輕、不抱怨，活得有「格調」。愛的時候全情投入，不愛了就瀟灑走開；吃了再多錢的苦頭，她仍然堅持買那件喜歡但最貴的衣服。

每個人都會遇到自己的人生災難，區別在於，有的人能夠迅速爬起來，迎難而上，而有的人一直沒有找到「災後重建」的好方法。在有選擇的時候，沒有竭盡全力拼到底，最後就只剩逆來順受一條路可以走。

巴頓將軍說：「衡量一個人成功的標誌，不是看他登到頂峰的高度，而是看他跌到低谷的反彈力。」

這種反彈力就是逆商的表現。逆商，全稱是逆境商數，美國著名學者保羅．斯托茲曾提出的一個概念，指的是一個人在面對逆境時的反應方式，是面對挫折和人生困境時的應對能力。通俗地說，逆商就是明白，只要活著，就要心存希望。

越是逆境，越看得出一個人的上限在哪裡。逆商高的人是一個橡皮球，掉下去也會再彈起來；而逆商低的人，是一個玻璃球，一跌落就碎了。

楓華姨憑什麼翻盤？憑的是她良好的心理素質，超高的逆商、情商，良好的專業素養，還有滲透到骨子裡的自信樂觀。

一個人內置的心理彈性，可以讓他在身處逆境時緩解創傷，糾正錯誤，重新回到正軌。就像去健身房練肌肉，每次練到筋疲力盡，酸痛過後，肌肉就長出來了。

但不能忽略一點，你得有自己的一項特長。順境時，這項特長只是錦上添花，但在逆境時，它能成為你安身立命的根本。

《犯罪心理》中有句臺詞：「經歷過虐待的人，有的人成為罪犯，有的人成為抓捕他們的人。世界曾以痛吻我，普通人未必能報之以歌，但強者卻能拯救自己。」

一生那麼長，總會遇到許多難以預料的挫折，你永遠叫不醒一個裝睡的人，也永遠無法靠逃避問題來生存。千萬不要在困境裡畫地為牢，唯有自救，才能看到新的轉機。認真對待黑夜的人，真的會迎來黎明。

如果說智商和情商是與別人打交道的能力，那麼逆商就是與自己打交道的能力。逆商高的人，都有一種接受打擊並且迅速自我修復的自愈力。

不要敗給自己的怯懦，不要還未拼就先認輸

生活是我們的老師，它鮮少一次把人摧垮，還總是在你能力提高的過程中給予你更大的挑戰來修煉你：賺到五十萬，它會給你一百萬的事務磨礪你；事業上有所成就，它會給你的生活帶來挑戰；生活工作兩不誤了，健康隱患找上門來。從來沒有一勞永逸，也從來沒什麼一步到位。

每次覺得稍稍可以松一口氣時，壞事就來了。不敢發出「最近真幸福啊」的感歎，怕命運聽到。這不，李可怡就遇到「壞事」了。

那天，我和李可怡去「午間食堂」吃飯，正好看到剛生完二胎的何嵐姐姐，免不了一頓寒暄。結果李可怡說著說著就消沉起來，吃飯也沒胃口了，平時她可是餓虎撲食啊。

問其原因，原來是工作上的事。按理說不至於啊，李可怡的工作能力是我朋友中的佼佼者，全勤獎和優秀員工獎都要拿到手軟了。

可誰知道，她的美好人生規劃竟然被一個二十歲出頭的女生給打亂了。用她的話說：「等你見識過現在的小孩有多厲害，就直想抽醒自己，並持續性懷疑自己是不是除了資歷

一無所有。」

女生天資聰穎，工作上手非常快，入職僅僅半年，就做出了很多人幾年都沒做出來的成績。

李可怡有點陣腳大亂，一直以來她可是公司裡最有能力的人。曾經的她是走到哪裡，哪裡就一片讚美之聲，現在完全被那個更年輕、更有活力、更有拼勁的女生碾壓。

前段時間發生一件事更是給了李可怡沉重的打擊，兩個人同時撰寫一份專案書，雖然最終採用了李可怡的，但裡面的內容改動很大，而且很多都是小姑娘項目書裡的，也就是說李可怡的項目書只是個殼子。

強烈的挫敗感把李可怡打得暈頭轉向，業績大幅度下滑。她突然不知道應該怎麼推進工作了，自己的想法和理念應該沒問題啊，怎麼這次就不行了呢，後來還產生了辭職的念頭。

何嵐姐姐聽完了，給了她八個字：「剛性有餘，韌性不足。」

李可怡趕忙求解。

何嵐姐姐說：「你的能力一點問題都沒有，就是有點抗壓性不夠。你現在這個樣子，就像是你面前有一條髒兮兮的河，你站在岸上，自己不敢下河，只會跟別人說，你看人家乾淨的河是怎麼怎麼樣的。但對你面前這條河，你不瞭解它為什麼這麼髒，你連怎麼治理都不知道，你怎麼讓它變成一條乾淨的河呢？」

李可怡彷彿被打通了任督二脈，內心壓了很久的石頭被瞬間移走：「對啊，我怎麼變成這樣的人了！當年扛著全組績效考核的人哪裡去了，真是遇到大事堅如鐵漢，遇到小事玻璃人格，山搖地動都摧毀不了的我，卻被微風給吹碎了。」

職場為什麼只雇用成年人，不雇用童工？不只是因為雇用童工犯法，而是因為職場不需要為成年人的玻璃心負責。

哪有什麼強大的對手，都是敗給自己的怯懦，還未拼就先認輸了。

遇到難事，有的人抗摔耐打，扛過去了；有的人無比玻璃心，稍微有點不如意就嚷嚷著要退出。玻璃心就該被砸碎幾次，不然永遠都學不會堅強。

所謂蛻變，一定是經歷過幾個撕心裂肺的瞬間和「三觀」的一次次顛覆，然後慢慢自愈，明白了什麼是看破不說破，知世故而不世故，全盤接受世界的好與不好。

在學校，成長是學到一點會一點，我們習慣了被指引、被帶領。找不到方向時，會停下來，等待知識的解救和經驗的獲得。

但進入職場，我們遵從完全不同的邏輯。沒有誰的教導可以替代你自己的選擇，沒有現成的理論可以指導複雜的現實。成長是我們從逆境中踏破鐵鞋走出來的道路，是歷經艱險，在無數次的抱怨和更多的堅持裡，不知不覺獲得的豐富經驗。

如果把職場想像成一片森林，每個人都是一棵植物，你的自愈力其實就是面對環境和自身的種種問題，能夠認知並去解決的能力，你的生命力取決於你的自愈力，你的自愈力越強，就越能汲取養分茁壯生長。

人生不是遊戲，隨時重啟完美復活，但總還是有IQ、EQ都始終在線上的人，努力又樂觀的存在者，比如楓華姨，比如何嵐姐姐。

她們不是從來不受挫，而是無論遇到多大的困難，都能保持內心的秩序。從哪裡跌倒就從哪裡站起來，是對生活最好的回擊。

生活有時特別壞，一邊反反覆覆拿刀捅你，一邊責備你怎麼這麼久還沒練成刀槍不入。你要穿上金鐘罩鐵布衫，正面迎上去，它一次次掀翻你，你要一拳拳揮回去。生活不會專挑一個人欺負，它看打不倒你，就會放過你。

阪本健一說：「不可能天天都是好日子，有了不順心的日子，好日子才會閃閃發亮。」誰都有不如意的過往，自己放大悲痛的人，只會越來越痛苦，跌跌撞撞繼續向前，生活才會予你美好燦爛。

人生的殘酷就在於，你不知道什麼時候會迎來一記悶棍，但它的美好也在於，你不知道它什麼時候會給你一根棒棒糖。

「熬過今天」是解決一切難題的咒語，其實熬著熬著，不知道什麼時候也就熬過來了。後來想想，這就是堅持。

跌宕起伏才是生活的真相，在心情最糟糕時，仍要按時吃飯、早睡早起、自律如昔，做一個能承擔的人。這樣世界再亂，也打不亂你的心。一個人不需要有那麼多過人之處，能承擔就是才華橫溢。

如果生活給你挖了一個大坑，你要把自己埋進去填平它，並長成一顆多肉。

Chapter — 15

沒有人對他們說「不」的時候，他們是長不大的

一邊抱怨，一邊收拾爛攤子的人最傻，

以為自己心軟、重情，其實就是搞不清楚狀況，

無法承擔拒絕不合理要求的後果。

別以為曲意逢迎能換來美好結果，

無底線的寬容只會招致更多放肆。

不願意就大膽拒絕，是你觸手可及的勇敢

你是不是也這樣：總覺得拒絕別人像自己做錯了事，因為沒有滿足別人的要求而心生愧疚，明明和自己毫無關係，總覺得不好意思。大鵬就是這樣的人。

大鵬有一輛古董車，自己愛惜得不得了，定時保養，沒事就左擦擦右擦擦。前段時間有一個朋友找他借車，原來這個朋友新交了一個女朋友，他向女朋友吹噓大鵬的古董車，女朋友想見識一下。

大鵬心裡一百個不願意，又怕耽誤了朋友的美好姻緣，只好同意。朋友也再三保證絕對會好好愛惜。

隔了幾天朋友來還車，大鵬發現車後保險杠有一塊凹陷，還掉了漆。心疼壞了，臉色很難看。

朋友訕笑著說：「一不留神蹭到了柱子上，就只有這裡，別的地方都沒事。不過這也不明顯啦，等哪天我買個車貼送你，貼在這裡，就看不出來了。」

大鵬聽到這話簡直要氣哭，明明信誓旦旦保證不會出事，現在卻像沒事人一樣。

朋友繼續打著哈哈說：「改天請你吃飯當賠禮。」

大鵬終於忍不住了，陰沉著臉說：「我差你這頓飯嗎？刮成這樣多難看，我自己開都小心翼翼，你倒好，當碰碰車開了吧！」

朋友臉上掛不住：「你急什麼呀，不是買了保險嗎？走保險就好了，又不用自己掏錢。」

此後，該朋友和大鵬絕交了，他逢人就說大鵬小家子氣，「這種人不值得交往」之類的話。

大鵬氣自己把車借出去，到頭來還遭人詬病，當初要是直接拒絕就好了。好心幫助別人，對方卻完全不領情。

有句話叫「能用錢解決的事千萬別用人情」，人情裡有很多東西都是模糊的。有些人就是喜歡麻煩別人，一切以自己的利益和感受為先，完全不管是否對別人造成困擾。

你顧及對方是朋友，不好意思拒絕，他就好意思每次都來麻煩你。你幫了他十次，只要你拒絕一次，你就成了壞人。當有一天你表達了自己的不滿，你還是得罪他了，因為他早已習慣你的遷就。

你就像一個急救箱，別人找你幫忙都覺得理所應當。很多時候，你都沒有資格怪別人得寸進尺，畢竟是你自己退了第一步。

所有對個人主權的侵犯，都是從細小的試探開始的。

「你是做設計的，幫我設計一個商標吧！」「你那麼會寫文案，幫我改改這篇文章吧！」「你薪水那麼高，借我一點錢應應急吧！」……聽多了這樣的話，就忍不住想：「你怎麼不說你臉那麼好看，讓我打一頓吧。」

生活裡到處都是這些常見的「分外事」和「分外情」，你可以接受，但別忘了你也有拒絕的權利。你的態度決定了別人對你的態度，如果你總是委屈自己，別人也不會把麻煩你當回事。

每個人都有說「不」的權利，界限清晰，原則明確，才是對自己最好的保護。而且這裡面還有一個很微妙的心理，為什麼你會覺得不舒服，還不是因為你們沒熟到要兩肋插刀嗎？你的好朋友要是這樣，你會不舒服嗎？

《奇葩說》曾有一個辯題：不給別人添麻煩，是不是一種美德？蔡康永說：「你們的交情夠了，你再麻煩的要求在他看來就是小事而已；你們的交情不夠，你一件小事，都可能造成對方的困擾。」所以對待不熟的人，乾脆拒絕是最好的選擇。

拒絕不是什麼丟臉的事。謹記三個拒絕原則：做不到的事果斷拒絕，無法在預期完成的事果斷拒絕，沒把握的事果斷拒絕。利用拒絕的權利，能讓你少做錯事，多收益。

你要決絕一點，但與此同時，更要學會減少在拒絕別人時所產生的「虧欠感」。不想就是不想，不願意就是不願意。千萬不要圈養這種虧欠感，讓它成為自己的負累。

你要搞清楚的是：如果接受是加一，那麼拒絕並不是減一，而是〇。

事先表明自己的立場，比事後受了委屈再去聲討有用得多。就像那句話說的：不要害怕拒絕別人，反正好意思為難你的人，都不是什麼好人。

你要做一個不動聲色的大人，而不是不敢出聲的大人

工作中，你一天會說多少次「好的」？

我最近看到一句挺有意思的話：「小孩子答應別人時會說『好啊！』心甘情願，興高

采烈；而成年人工作後，只會說『好的』。看起來克制又冷靜，實則充滿假裝和妥協。」

成年人的職場生活，全在這兩個字裡。做不了自己，又不甘委屈。

包小包小朋友如同她的名字一樣，是一個十足的受氣包，說好了純真的友誼哪裡去了，怎麼一上來就給人家起外號呢？

真的，對於包小包，我們是恨鐵不成鋼到極點，自掐人中才能不被她氣暈過去。

包小包的聊天紀錄裡可以搜到三千多條關於「好的」的留言，這還是一年多前清理完聊天紀錄之後的結果。她的表情貼圖買了很多，光是「好的」和「謝謝」，她都有十幾種貼圖去表達。

不管同事還是老闆，只要交給她事情去辦，她幾乎每次都答應得很爽快：好的。

手上還有兩個專案，又新來了一個，好的；同事發燒生病，想讓她把資料補一下，好的；前一天凌晨兩點才回家，第二天同事問她，上午十點能來公司開會嗎，她頭暈腦漲還沒緩過神呢，下意識就回了，好的，結果開會還是遲到了，一屋子人都在等她。

每天光是回覆「好的」就夠浪費時間了，手機基本沒法離開自己的視線。

她的每一次「好的」，都是在笑著給自己找罪受。天天凌晨下班，長期沒週末；約好的交付時間，總是拖；無時無刻不在忙，還覺得好累好委屈。

總是一邊討好別人，一邊招人煩，尤其是她男友。

和男友約好六點回家吃飯，結果臨時有事十二點才到家。回家發現飯菜都擺在桌子上沒動，男友趴在桌子上睡著了。

出去散步，一直看手機，男友直接發火：「我剛才說的話你聽見沒有？少看手機不行嗎？前面有個大坑，你想掉進去啊。」

這才發現，自己很久沒有認真聽男友說完整一句話。

有一天凌晨三點多，全公司就剩她一個人，因為老闆答應了客戶的友情幫忙，寫個調查報告，工作自然落到包小包頭上，還白寫。

她一邊打字，一邊想著和男友之間的小摩擦，最後有點崩潰了。為什麼要給自己找罪受，明明做不完為什麼要說「好的」？

這時，老闆打電話催她，態度很不好，怪她做得慢。

包小包忍不住了，大聲說：「不能這樣了，你不能再這樣寵著客戶了。」

老闆的第一反應是：「你不懂，我們要維護客戶關係……」

包小包反駁：「你考慮客戶，誰來考慮我平白無故來的工作？我到現在還在公司加班呢！」因為不會發脾氣，聲音氣得變成顫音了。

老闆不說話了，還把電話掛了。

掛了電話，包小包後悔了：完了，完了，這下徹底失業了。

結果老闆發訊息過來道歉，說自己剛才態度惡劣，讓她早點回去，工作明天再做。

包小包一邊驚魂未定，一邊暗自慶幸，原來態度強硬一點，真的有效果。

根本沒人逼你，都是你自己逼的自己。你總是習慣戴著假面具，假裝快樂、假裝滿意，假裝久了，連自己都忘了什麼才是真正的自己。

如果不願意，那你幹嘛說「好的」？以犧牲自己的感受為代價，滿足別人的期待，其實就是不斷地放低原則和底線，把自己的利益分割出來。

不會拒絕就是逃避有效溝通，你只是想製造一個最簡單的套子把一切問題都裝進去，遠遠躲開真實的溝通和預想之外，卻忘了所有逃離的結果不過是逃開一個難題，遇見更大的難題。

不屈就於職場人的表面熱情，分得清退與進，輕與重，才能避免自己「犧牲」在工作置氣上。

你要做一個不動聲色的大人，而不是不敢出聲的大人。事實上，能讓你活得精彩和自在的，一定是真實地表達自我需求。

下次，當你一頭扎進生活和工作中的各種麻煩事時，是否可以問問自己：是否拒絕，才是最好的解決方案？

爲了別人的溫暖，你沒有義務把自己放在火上烤

生活中沒法說拒絕的時刻比比皆是：

朋友借車，大鵬不好意思拒絕，結果車刮了，自己心疼，朋友還沒領他的情；包小包只會說「好的」，委屈了自己，感情差點出現危機；還有，親戚求你辦事，你根本沒辦法，卻硬著頭皮答應了，最後沒辦成，落得一身不是；參加飯局，本來胃就不舒服，禁不住其他人一頓勸酒，空腹灌了好幾瓶白酒，胃出血，直接被送進了醫院；不可靠的朋友向

你借錢，你明明猜到不能還，還是把剛到手的薪水借出去了，結果自己啃了一個月的麵包……

誰都經歷過這些事，但吃虧了一次又一次，總要學會長點記性吧。這個世界有雪中送炭的人，有錦上添花的人，也有在傷口上撒鹽的人，但你不能再幫他買鹽了。

「為了別人的溫暖，你沒有義務把自己放到火上烤。」這句話曾深深地刺痛我，幫助別人，要在自己力所能及的範圍內。

成熟的表現有很多，但有一點特別重要，那就是學會狠心一點。

拒絕別人總要留幾分餘地，往往讓別人覺得還有機會，給了別人假希望，也搭上了自己的生活；像保姆一樣幫同事背鍋，導致對方永遠意識不到自己的問題，事情做得一團糟，甚至最後還給自己立了個壞名聲；分手時，不忍心快刀斬亂麻，最後導致彼此都放不下，無數次糾纏爭吵，想起來都是噩夢。

在人際關係裡，最可怕的從來都不是一開始的拒絕與得罪，而是被滿足了太多次之後，又突如其來的失望。這樣的失望常常會引發徹頭徹尾的否定，無論你做過多少好事，從你的好人人設崩塌的那一瞬間起，你就只是個騙子。

你來者不拒地伸出援手，別人就會當作理所當然；你毫無底線地退讓，別人就會得寸進尺；你毫無保留地給予，別人就會無休止地索取。委屈自己久了，別人就以為你好欺負；笑臉給多了，就沒人在乎你的認真。

你那麼遷就別人，誰來遷就你？你又不是一雙小白鞋，幹嘛那麼百搭？你可以容忍他的無理取鬧，但前提是，他也得識大體。

你有兩顆蘋果，有人跟你要一顆，你不給，於是很多人湊過來說你不是還有一顆蘋果嗎，怎麼這麼小氣啊？可是別忘了，蘋果都是你的呀，你絕對有權利隨意支配。

別等到無數次吃虧後，才明白一個有血有淚的事實：最好的分手，是快刀斬亂麻；最好的拒絕，是不留任何餘地。

狠心於他人，於自己，都是一種解脫，搖搖欲墜的關係，止步不前的生活，通透果斷者解脫，一拖再拖者，只會用不斷的痛和傷心來一遍遍地印證既定的錯誤。

到了一定年紀，必然要面對斷捨離。要試著殘忍一點，和不適合的東西說再見，和不喜歡的人說分手，把時間和精力放在更值得的事情上。

人與人相處，既要內心柔軟，也要有自己的原則；既要有菩薩心腸，也要有雷霆手段。

能做到就做，做不到就說「不」，你不為難自己，就沒有人能為難你。拒絕只是一句話的事，你要是學不會，後面的麻煩就會像滾雪球一樣跟著你。

天天對別人好，沒人會在乎，就像太陽每天都很圓，也沒見有人去賞日。你得把握尺度，偶爾對他們好一次，別人才覺得珍貴。

最舒服的關係，是不必討好。無須把「讓別人開心」當作自己的人生目標，而是讓自己開心的同時，還可以照顧好別人的情緒。無論你和誰交往，記住一個原則就不會活得痛苦：不喜歡時可以拒絕，不想要時可以說「不」。

Chapter — 16

只要找好藉口，所有失敗都熠熠生輝

一旦我們內心開始抗拒去做某件事，

這件事就會很配合地展示出它難搞的一面，

以幫助我們減輕自己的負罪感。

待著不動能得到的，只有空氣

有種錯覺叫作「我在頭腦中激情澎湃了一會就當我努力過了」；有種常態叫作「我臨睡前想做件大事改變世界，激動得睡不著，第二天早上連早起都做不到」；有種騙局叫作「這世界存在著輕鬆寫意就能獲得的成功」。

永遠不要低估一個人鬼扯的能力，因為他們撒起謊來連自己都騙。

朋友Wasabi心血來潮報了一個健身課程。一開始鬥志昂揚，健身服穿上之後，回頭率特別高，結果去了兩次就洩氣了。

一輩子能撒的謊全都給了教練，家裡爆水管，淹了一棟樓；前男友結婚得去砸場；自己著急去健身房不小心把腿摔斷了……嘖嘖嘖，為了一個「懶」字，真是煞費苦心。

前兩天，她教練找不到她，竟然給我打電話了。我就納悶了，怎麼會找到我呢？教練和我解釋，為了防止學員「跑路」不上課，凡是報他班的，每個學員都要留一個「緊急督促官」的聯繫方式，負責監督學員鍛煉。

這也太負責任了，我都想報名了。怪不得Wasabi總是找各種理由，這麼負責任的教練怎麼好意思傷害他。

話說回來，報了班為什麼不去呢？歸根結底，就是一個「懶」字作怪。我拿她一點辦法都沒有，只好懷著內疚的心情和她一起騙教練。

我們都對生活有很多想法，卻總是間歇性逆天改命，持續性輸給自己的懶。想去旅遊，要嘛忙，要嘛時間不對，反正計畫一直擱淺；晚上跟自己說第二天一定不要遲到，結果早晨還是照舊賴在床上，理由是早起的話一整天都會精神萎靡；立志健身，但一天推一天，教練比他還著急，但就是不去……理由五花八門，好像得了一種動起來就會不舒服的病。

給自己找藉口是會上癮的，世界上有一件很恐怖的事，那就是每個人都有自己的理由。

看到別人推薦的書，趁特價買了幾十本，連包裝都沒拆；幾經輾轉終於高價買到網上很紅的球鞋，卻從來沒有穿過。同款讓你覺得靠近了那些厲害的人，可是你和他們真實的距離是，他們真的在讀書和跑步。

誰都知道逼自己一把有些事就成功了，但回頭看還有各種退路：不上班吃老本仍能勉強度日；胖了也能勉強穿些衣服；不喜歡這份工作，大不了辭職，父母養。

找一個「正當」的理由，去掩飾不想做某件事的懶所費的勁，往往比直接把那件事做了更累人。就像比起洗碗本身，躺在沙發上惦記著「還有碗要洗」所帶來的痛苦和浪費的時間要多得多。藉口太多的人，遇事只會一拖再拖，幹什麼都沒有太大衝勁，總是陷入一種被動而不斷內耗自己的惡性循環。

而你之所以能這麼拖延著那些重要的事情，是因為它們不會總是每天跳出來張牙舞爪提醒你、煩你，告訴你應該這樣做、那樣做。可一旦它們跳出來了，往往也就意味著，你已經被推到「優勝劣汰」的十字路口了。

張愛玲說：「要做的事情總找得出時間和機會，不要做的事情總找得出藉口。」找藉口，就是向生活低頭，是在消耗自己，是害怕付出與收穫不對等。為了避免失望，選擇不開始。

成功者總有其長處，只是經常被無視；失敗者總有其藉口，如果稍有不順，就歸咎於外界：工作不適合我、行業不景氣、風險太大了、環境就是如此……那些能走到最後的人，從不會把時間浪費在瞻前顧後上，也不為自己找藉口拖延，他們習慣在行動中修正。

別總想著開天闢地的大事和驚世駭俗的起點，一切偉大的行動和一切偉大的思想，都源於一個微不足道的開始。

總是待在原地的人是看不到美景的，待著不動能得到的，恐怕只有空氣。你得想辦法邁出第一步，是選擇繼續混日子，還是重新尋出路；是沉浸在失戀的痛苦裡，還是勇敢活出漂亮的自己；是乖乖聽從父母的安排，還是堅持做自己，去體驗外面更大的世界。

九九．九九％的焦慮都來自虛度時間和沒有好好做事。唯一的解決辦法就是行動起來，認真做完事情，戰勝那些心裡空蕩蕩的時刻。

如果抱怨能解決問題，祥林嫂早就成網紅了

職場中有一個怪現象，整天嚷嚷辭職的人，一定不會辭職。他們只會抱怨，抱怨薪水低、福利差、同事關係不好，可就是不走。

暢銷書作家朗達．拜恩在《祕密》裡提到一個「吸引力法則」的理念：你生命中所發

生的一切，都是你吸引來的。

並不是糟糕的狀態決定了糟糕的心態，而是先有了糟糕的心態，才導致了糟糕的狀態。

家裡有一個親戚，算是我的遠房表哥，今年四十歲出頭，平時沒什麼機會見面，就是過年過節見過幾次。只要見過幾次，就會發現他有一個很大的特點：特別喜歡訴苦和抱怨。

每次見面都要痛斥同事、咒罵領導、嘲諷社會。剛開始一兩次沒覺得怎麼樣，可每次都說這些話，還真讓人不耐煩。

其他哥哥姐姐勸他，既然不滿意自己的工作，不如換個環境吧。

他說：「我既沒有錢，也沒有影響力的親戚，去哪裡還不都一樣。」

「那找個兼職，或者做點副業呢？」

「單位不讓接兼職，你說這什麼破工作……」

參加同學聚會回來，他會說：「其實混得好有什麼難的，我要是那麼做也能成功。」

這種話我差不多年年都聽他說幾次，我終於明白了，他根本不是尋求解決方法，也不需要什麼改進意見，只是單純地抱怨。

他心裡的苦不單單是自己和同學之間的巨大差距，還有他滿腹想嘗試卻沒勇氣邁出那一步的遺憾。

無能的人最愛抱怨，因為怨言就是身體裡兜不住的挫敗感從嘴裡跑了出來。《拒絕平庸》裡有一句話：「很多時候我們為什麼嫉妒別人的成功？正是因為知道做成一件事不容易又不願意去做，然後又對自己的懶惰和無能產生憤怒，只能靠嫉妒和詆毀來平衡。」

有些事你沒試過，真的不知道會不會成功，但是這個沒試過的事慢慢會變成你心裡的一根刺，在往後的日子裡，你會不斷反思如果當初試了會怎麼樣，這件事很有可能會變成你一輩子的意難平。

京極夏彥說過：「討厭的話辭職不就行了？不想辭職的話去改變不就行了？改變不了的話就妥協，不想妥協的話就反抗，這些都可以啊……為什麼這麼簡單的道理都不明白呢？只會叫著沒辦法沒辦法。根本沒這回事，明明一定有辦法，只不過自己什麼都不做而已。」

假如你參加一場長跑比賽，起跑時慢了半拍。

如果你埋怨跑道不好，或者鞋子太滑，那麼你只是全程在給自己心理暗示「我沒有辦法改變這個糟糕的比賽環境」，最終的結果就是輸掉比賽，然後感歎說「認命吧」。

如果此時你心裡想：都怨我反應慢，起跑比別人慢了一點。然後奮起直追，就有可能在下半程把自己耽誤的時間給補回來。人生就是一場長跑，重要的不是誰跑得快，而是誰堅持得久。

知道路要怎麼走和走上這條路，是有區別的。因為在「做得到」與「做不到」之間，有非常多「雖然做得到但很累」的事。

你永遠都有三種選擇：要不就改變，要不就接受，要不就閃人。不好的選擇是坐在那裡，希望可以改變它，卻不去改變它；希望可以閃人，卻沒有閃人。

生活方式不存在對錯，只有利弊。去發現自己內心最真實的想法，然後用行動與之匹配。選擇努力或躺著的人生並沒有什麼高下之分，但你要知道，只有知行合一才最輕鬆。紙上談兵再出色，也不如帶兵出征學得多。

歌德說過：「採取一個改變命運的實際行動，比一千個苦惱一萬個牢騷都管用。」所以，要麼現在，要麼今天，別做只會抱怨的人。

如果你不想做，會找一個藉口；如果你想做，會找一個方法

「等一下，沒準備好，再說吧」是年輕人最有效率的自毀方式。

當行動遠遠落後於想法時，心裡就會產生懷疑和畏難情緒，懷疑自己的能力，擔心自己「有問題」，害怕自己一事無成，被這個高速發展的社會遠遠拋在後面。

其實很多事，都是你以為自己不行，最後不了了之。行動上還沒開始，心理上就已結束。

我們大部分時間都在害怕失敗，害怕拒絕，但是後悔才是最該害怕的事。失敗是一種答案，拒絕也是一種答案，但後悔卻是你永遠得不到答案的永恆問題。

總想著「盡快學好」，卻被沒做到的「盡快」二字拖了後腿；念叨著「盡快」，行動卻總是「等一下」。久而久之成了習慣，遇事的第一反應，從來都是藉口再拖一會。這些

都是內耗，對實現目標沒有半點用處。

和心累相比，身體上的累真的不算什麼，心理內耗能把一個人耗死。

什麼是內耗？簡單來說就是既分不清輕重緩急，又不確定什麼事該做，什麼事不該做，總是處在猶豫和懷疑的狀態，給自己平添許多內心戲。

這種拉鋸式的自我鬥爭，非常消磨意志力，讓你什麼都沒做還覺得累，又因為效率低下加劇了自我懷疑，需要更多精力給自己打氣，整個人的狀態像是坐過山車，忽高忽低。

莎士比亞說：「自我懷疑是叛徒，害怕嘗試導致我們丟了本可以打贏的仗。」在所有的內耗中，害怕失敗是最常見的一種，也是阻礙行動力的最大的殺手。

動物世界裡，獅子試圖捕食一隻牛羚，剛要撲上去，被牛羚發現並迅速跑開了。你覺得獅子會滿地打滾糾結於自己的失敗嗎？那你太不瞭解獅子了，牠只會立刻尋找下一個獵物。

當動物有了目標，無非兩個結果：實現或者沒有實現。如果沒有實現目標，牠們會立刻採取下一個行動。所以在動物世界根本沒有失敗這回事，只有是否實現目標。沒有對失敗的恐懼，也就沒有任何內耗。

咀嚼失敗是人類獨有的現象，那種一直夢想做某件事，但從來不行動的人，他們只是「享受幻想自己的無限可能性」。一旦把想做的事提上日程，困難就會變得更具象化，他們很害怕發現這個夢想並沒有想像中那般美好，所以為了避免夢想破碎，下意識選擇不去行動。

我們能做的最錯的決定是什麼？是蹉跎，是原地打轉，是不敢選擇，一直在猶豫中徘徊。這是聰明人最常犯的錯誤，因為聰明人總是在找最優解。

面對選擇，很多人是不敢選的，或者選完也是害怕的，害怕生活像多米諾骨牌一樣應聲而倒，不可收拾。但你不願意行動，願景再好也沒用。

能夠實現夢想的那一小部分人，他們不僅膽大、堅毅，而且還足夠堅強，能堅持。更重要的是，他們會讓自己的能力不斷更新，配得上自己的野心，內心也足夠強大，能夠承受失敗的後果。

機會偏愛有準備的人，但絕不會偏愛準備不完的人。決定你能否成功的關鍵在於，在遇到機會或者遇到挑戰時，你是毫不猶豫地說我行，還是說我不行。

一個夢想成為巨星的人，卻從未真正地走上舞臺，這種情況叫作單純做夢。命運的舞臺不會等你準備好，儀態大方走出來才拉開帷幕，有時候你是一路跌跌撞撞摔在舞臺中央的，你能做的是趕緊站好，保持微笑，而不是哭著跑下臺，說自己還沒準備好。

「不知道意外和明天哪個先來」的意思是，購物車裡的衣服可能明天下架，想去的那家餐廳或許明天就關門了，今天的夕陽你不抬頭就永遠錯過了，小時候最想要的玩具長大後就失去了意義。有想做的事不要等，世界不會配合你的「有空再說」。

不要欺騙自己，想當然地認為自己在「最後關頭」會表現得最好。你做不到這一點。沒完成的任務會一直潛伏在你的潛意識裡，這不會消除你的壓力，相反你會感到壓力越來越大。某件事非常重要，而且是必須要的，即使你討厭，你也一定要去做，現在就做。

Chapter —— 17

雖然辛苦，我還是會選擇那種滾燙的人生

把日子過成詩，從來不需要那麼多成本，

只關乎精氣神；

在庸碌的日常中，找到自己的路，

從來不需要那麼多自我懷疑，只關乎熱愛與堅定。

願你出走半生，歸來仍是少年

電影《安妮．霍爾》的開頭，男主艾維以脫口秀的方式講了一個老笑話，來表明自己的生活態度：

有兩位老婦人去卡茲基爾山旅遊。其中一個說：「唉，這地方的食物可真夠糟的。」另一個回應道：「可不是嘛，給的分量那麼少。」

這個小故事也讓我產生了一點小思考，就是儘管人生有時候是寂寞的、痛苦的、不幸的，還有可能很糟糕，但又覺得一切都逝去得太快。

有人說，二十七歲就像一個分界點。

在此之前，怎麼看照片都比現在土，可是幾百塊錢的化妝品，也無法拉低你滿臉膠原蛋白的自信，你覺得自己配得上世界上所有的美好。

可是二十七歲一過，生活好像要對你動手了。曾經的野心和欲望如同萬鳥歸巢，逐漸走向平靜。二十七歲之後，很多人開始向生活妥協了，投降了。

究竟是從哪一刻開始，我們覺得自己老了？

Mike說他們公司剛招的一個實習生，九〇年次，工作了三天，第四天竟然說不來了，他的理由也很簡單，這工作和我想的不一樣，不喜歡。

Mike內心憤憤不平，年輕人就是矯情。每次有同事辭職，他都會跟著心癢一陣。這份工作無論從待遇，還是從前景來看，都很一般。Mike不是沒想過辭職，但權衡了利弊，覺得辭不起啊。

看著實習生大步流星地走開，雖然嘴上說著小孩子不懂人生艱難，但心裡又無比羨慕，羨慕他隨時拍拍屁股走人的勇氣。這個勇氣不是梁靜茹給的，而是年齡的優勢給他的。

而三十幾歲的自己沒有這個勇氣了，一想到這個月的房貸、車貸、信用卡還款……不得不向現實低頭了。

很多人和Mike一樣，不敢辭職，雖然這份工作有很多不盡如人意的地方，但是還能維持當下馬馬虎虎的生活，換一個地方，誰知道呢，體力和精力有點力不從心。

變老，也許是從害怕改變開始的。

「成熟穩重」成了你的萬能擋箭牌，其實你只是習慣了日復一日的生活，放棄了學習和提升自己，不想再去做任何小概率的拼搏，得過且過也好，安於現狀也罷，反正絕不允許自己失控——再次跨入陌生、不熟悉的環境，面臨全新的開始。

「魯莽得像個孩子」這樣的評語，再也不會出現在你身上了。

有時候也懷念從前車馬慢，可外賣晚到兩分鐘你都要生氣。「現在就要」的快感，具有壓倒性優勢，成就了許多人的生意，也讓你在「時間就是金錢」的口號下，忽略了有些東西經由時間發酵才會歷久彌香。

變老，也許是從不願等待開始的。

健身卡最後變成了偶爾用用的洗澡卡，以學習名義購入的iPad更多時候是在追劇，培訓班的報名最終被拖得不了了之。

你也知道這些能長久滋養生活，可是它們太耗體力、精力、時間了，而結果也在遙遠的未來捉迷藏，無法一眼望穿。怎麼比得上即時虛擬的快感，不用等待、不費腦子，還很愉快。

小時候聽過狼來了的故事，知道說謊不是好孩子，可是長大後，你覺得善意的謊言也不是什麼壞事，可以給自己的許多行動進行合理的解釋，來應對外界的關心或說服自己安貧樂道。

變老，也許是從尋找藉口開始的。

沒有報考研究所是因為父母年邁，要陪在他們身旁；沒有爭取這次聘任是因為愛人事業正在關鍵期，需要支援他；沒有瘦到標準體重是因為太忙太累；過得死氣沉沉是因為太窮太苦……

好像世間萬事萬物，都在阻撓你成為想要成為的人，阻擋你過上想要的生活，你只是為了家人、工作犧牲自己，不得已維持現狀。

最怕你拼命壓抑，忍到生活沒有一絲趣味，還要安慰自己無欲則剛；最怕你習慣湊合，早已忘了主動把握自己的人生，還要安慰自己平凡可貴。

變老，不是從膠原蛋白流失開始的，而是從不願改變現狀，不再時刻保持好奇心和執行力開始的。

變老，也不是從第一條魚尾紋開始的，而是從偏好及時行樂，放棄終身學習和不斷成長開始的。

變老，更不是從漸長的年齡開始的，而是從抱怨生活不順，不願放手一搏的自欺欺人開始的。

年齡不是按照時間順序，而是按照精神狀態排序的。你可以在二十歲時就對一切感到厭倦，也完全可以在七十歲時重啟自己熱愛的事業。年齡，說到底只是一種心態，只有當你投降、放棄時，才會成為你的阻力。

不是只有梁靜茹可以給你勇氣，你自己也可以。就算是三十歲，也不過是身體裡裝了兩個十五歲的自己呀。

你只有精力飽滿，才經得起世事刁難

當一個人內在的自我沒有理順，外界的壓力又洶湧而來時，他會被擠壓到一個非常狹小的空間，整個人會陷入恐慌和自我懷疑中。

喝過雞湯，給自己打氣，然後被生活狠狠扇了幾個耳光之後發現，別人的生活看起來總是光鮮亮麗，好像只有自己是灰頭土臉的。生活是一張千瘡百孔的網，把所有激情的水都漏光了。

工作還行，談不上喜歡不喜歡；戀愛也可以，說不上愛不愛；興趣愛好就那樣，做什麼都不鹹不淡。用兩個字概括，就是麻木。曾經熱血張揚的自己一去不復返，沒有狂喜或痛哭，口頭禪變成「算了吧」，彷彿一切都可以妥協。

就像一架飛機，最危險的時候不是在天上飛，而是在地上停留，這時候它會開始生銹、出故障，老化的速度比在空中飛行時要快得多。

吳雙雙的律所裡，有一位很優秀的律師James，出身於律師世家，他也自然而然成了律師。

James畢業後就來到這家在行業裡非常出名的律所工作，生活和工作都很美滿，人人豔羨。

沒想到一次聊天，他竟然說：「感覺自己就像『一個被丟在水裡的發泡錠』，維持現狀就是自取滅亡。」

小時候，家裡逼他練小提琴，朋友在外面喊他出去玩，而家教森嚴的他被規定要練滿三個小時才能出去。等他練完，天已經黑了，朋友們已經各自回家了。他在門口的臺階上大哭了一場，家裡人只當他耍小孩子脾氣。

後來選專業時，他又一次選擇了聽從家裡安排。他心裡暗暗發誓，做律師滿一年之後就辭職，也算是對家裡有一個交代。

現在做了幾年律師，辭職的想法一直沒有付諸行動。他不知道自己除了做律師還能幹什麼，只能繼續幹下去。他也常常懷疑人生，感覺自己白活了。

人生最迷茫的階段往往不是剛出校園，對社會一無所知的時候，而是工作了幾年，有了一定認知和積累，卻開始懷疑自己的選擇，糾結人生方向的時候。

James說：「我一直非常在意父母對我的看法，所以每次做選擇時，我都會在服從父母與遵從自己內心之間搖擺不定，難以抉擇。但後來我發現，這還不是最可怕的，最可怕的是，我發現自己越來越搞不清楚自己真正想要的是什麼了。」

小時候的我們常幻想長大後有一天，走進麵包店或是超市的零食區，只要看到喜歡或想吃的，可以不管價錢，直接放進籃子裡結帳；結果現在可以不管價錢了，但理智會跟你說這個成分是什麼，吃下去的後果又是什麼。我們終究沒有勇氣實現童年幻想，變成了無趣的大人。

對「喜歡」的熱情以及對「不喜歡」的厭倦彷彿都變成了同樣一種滋味：我們無法確定自己真實的想法。山本文緒說：「討厭的東西不能說討厭，喜歡的東西不能說喜歡，這樣活著活著，人就會弄不明白真實的東西。」

心靈的鈍化，差不多是我們最大的失敗。儘管我們都會理所當然地安慰自己，成長就是這樣，社會就是這樣，但連自己都心虛。

不要覺得自己的夢想不值一提，大大小小的不都是自己迫切想要的嗎？某種程度上講，你愛的東西多一點，你愛這個世界就多一分，也更容易從苦悶中解脫出來。如果你愛電影，看完好電影你會開心；如果你愛吃，一頓美食就能解救你。跑步、獨處、看演唱會、旅行都一樣。很微妙，你愛的東西，有時候就是能拉你一把的存在。但你什麼都無所謂，什麼都提不起興致，那麼能讓你開心的東西，是少之又少的，有時候別人想拉你一把，也無從下手。

如果你感知到了自己的不快樂，你要有勇氣打破現狀，別在虛與委蛇中維持一種虛假的平衡，別在面具下逐漸失去真摯的能力。

不要讓自己掉進生活的旋渦，過上一眼看到頭的日子。可以痛哭，可以挫敗，可以喪氣，但別放棄希望。

喪氣和倒楣也許是常態，但是接受「生活其實就是每天面對各種令人沮喪的大小事」，不是更需要勇氣嗎？最可悲的莫過於胸懷大志，卻又虛度光陰，明明對自己不滿意，還自我安慰今天好好玩，明天再努力。

即使悼念青春，也沒有人會送來時光機；即使擔憂未來，也不知道哪一個決定才能改變命運。

生活有時真的好像洪水猛獸，但洪水有退去的一天，猛獸也有逃跑的一天，你能做的就是別那麼執著，不執著於自己的喪氣，不執著於還沒發生或者已經發生的，活在當下是為上策。

「雙十一」不想買的東西，總有一天會買；對愛情的失望，總有一天會重建信心。就像雲散雨收之後，你還會再次走出房門，不是嗎？

這輩子其實很長，長到你可以跌倒再站起來，做夢又醒過來；這輩子其實很短，短到你沒時間再去勉強自己，沒時間再去討厭自己。

是時候把懶惰丟一丟，把喪氣的話收一收，把積極性提一提，把矯情的心放一放，所有想要的，都得靠自己的努力才能得到。

解決好眼前的危機，其實就是不讓它們持續擴大的最好辦法。在痛苦時儘量地吃飽飯、泡個澡、早點睡覺。不是活得沒心沒肺，而是你要知道，痛苦不會自己消失，它會長久頑固地橫在你面前，必須保持精力，才能跟難熬的日子對抗到底。

神采奕奕是對一個人最高級的讚美

生活的殘酷並不可怕，可怕的是你認為自己不值得更好的，擺出一副看透世事的樣子，動不動就說自己早已心灰意冷，來上一句：人間不值得。

一次不如意後就淡泊人生，心甘情願原地踏步；還沒創造過美好就看透自己，反正也鬥不過規則。卻不知道，美化過的「看透」一詞不過是給拒絕用心生活的人提供的藉口和托詞。

別忘了，你不是也曾對生活寄予厚望嗎？很多事情是不能將就的，你得給自己一點耐心。

最近看到一句話：三十歲是人生拋物線的頂點。就體力方面而言，這句話可能是對的，但從精神方面來說，這句話並不準確。

年齡就像試金石，到了一定年齡，一部分人變得越發有趣，一部分人變得越發無聊。前者開始創造生活，後者開始被生活改造。不幸的是，大多數人偷懶，願意把後半生的命運交給前半生的慣性；幸運的是，一小部分人開始有能力克服慣性，去重新定位方向。

我不覺得，三十多歲的人就開始走下坡路了。三十多歲怎麼了，四十多歲怎麼了……八十歲的清華奶奶還拿到了年薪一百萬的工作機會呢。

如果內心是不鮮活的，如何妝容精緻，衣著得體，聞起來都是七十歲的味道。

一個人年不年輕，就看他的眼神，總是喪氣的話，眼神會先於生命失去光彩的。你看那些孩子，他們的眼神都是亮晶晶的，眼裡是星辰大海。

而二三十歲的我們，眼神越來越黯淡，越來越混濁，眼睛中最美的華彩早已消失不見了。眼睛中流露出來的不是飽經風霜磨煉出來的堅毅，不是學富五車澆灌出來的睿智，也不是有一股闖勁和幹勁的果決，而是像被浪花拍上岸的死魚的眼。

再漂亮的眼線，再精緻的睫毛，戴再斑斕的美瞳，也阻礙不了眼神中逐漸失去的華彩。

那些永遠樂觀，永遠積極向上的人，不是從來沒被生活欺負過，只是他們學會了在生活中尋找力量，堅持用力生活，持續閃閃發光，有多柔軟就有多堅硬，有多脆弱就有多強大。

沒有什麼品質比開心和樂觀更重要了，你要是告訴我某某很有錢，我只會說「嗯嗯，真讓人羨慕」；你要說誰很帥很美，我會對著照片一頓猛誇；但如果你告訴我哪個人每天都開開心心的，做什麼事都很有熱情，我真心想去結交認識，想被感染感染。只有開心是可以扎實分享給別人的，別的都沒用。

神采奕奕才是對一個人最高級的讚美。阪本龍一說：「年輕人不一定指年齡上比較小，還可能是指青春狀態下包含著的反抗的能量。一直保持這種能量是非常重要的。」

如果你不想過一個百無聊賴的油膩人生，那你就不要再說「我們早晚會變成自己最討厭的人」、「理想敵不過現實」這種話，你若認定自己就是死氣沉沉、毫無生機的人，你又哪來的底氣去下一些爛俗的定論？

從來都沒有什麼不到黃河心不死的自我欺騙，有的只是見了棺材也不落淚的倔強。

王小波說：「我希望我的自我永遠滋滋地響，翻騰不休，就像火炭上的一滴糖。」如果說有一件事是我們大家都應該去做的，那就是永遠不要隨波逐流。

開心點吧，朋友們，人間值不值得，不親自走一趟誰也不知道。但是每天都瞎混著過和每天認認真真地過還真不一樣。

生活還是很美好的，剛買的甜筒上面冰淇淋掉了，脆皮裡還有一半呢；半夜突然醒來，你心裡默默祈禱「可別是六點，可別是六點」，看了一眼時間，才淩晨兩點半，還可以睡好幾個小時；本來以為擠不上捷運了，結果旁邊上的胖子一收腹，上去了……真心的，沒有比這感覺更好的事情了。

奧地利作家湯瑪斯．貝雷．阿爾德曾說：「撫平心靈皺紋，便會青春永駐。」青春永駐的真正含義不是永遠年輕，而是眼中有光，心有溫度，這樣聞起來永遠都是二十歲的味道。

魯迅先生也曾說過：「願中國青年都擺脫冷氣，只是向上走，不必聽自暴自棄者流的話。能做事的做事，能發聲的發聲。有一分熱，發一分光。就令螢火一般，也可以在黑暗裡發一點光，不必等候炬火。」

不要垂頭喪氣，特別顯矮。要活成兩種樣子，發光和不發光。不發光的時候，都是在為發光做準備。從今天開始，把死氣沉沉的生活按下暫停鍵，開啟熱氣騰騰的活法。

Chapter —— 18

不怕你對自己的優秀羞於啟齒，就怕你對自己的糟糕一無所知

總有一場意外，會提早暴露你的生活危機。

面對危機最該做的兩件事：

第一，別出局，活著比什麼都強；

第二，別旁觀，不要浪費了你遭遇的危機，參與其中，盡力而為。

眼裡揉不得沙子的人，混得最好

「你看了我寫的這篇文章覺得怎麼樣？」「還行。」

「你覺得我這道菜炒得怎麼樣？」「可以。」

「這張照片光線不太好，能不能換個角度再拍一張？」「就這樣吧。」

什麼嘛！這是在和機器人聊天嗎，連Siri都比你說得有心。

有的人表面看起來無欲無求，四大皆空，其實就是怕麻煩，省事。說白了就是應付，凡事以將就湊合為主。餓了就打開外送APP找個促銷特價的餐點；出門旅行從不做功課，安慰自己這才叫旅行的意義，其實是嫌麻煩；在蝦皮隨便買一個東西送給過生日的朋友，順便感歎「好方便啊」，根本不管對方是否喜歡或需要。

不斷暗示自己：就這樣吧，都可以，沒關係。於是人生真的成了就這樣吧，都可以，沒關係。

有一天我去「午間食堂」吃飯，看到一位熟客劉哥在等朋友，就隨便聊了一會。劉哥給我講了一件往事。

他以前在一家酒店工作，酒店當時辦了一個壽司展，每天都要提供新鮮空運過來的海鮮。作為食品採購的劉哥特別重視，每天都要和對方聯繫，確保第二天能正常發貨，還要和這邊對接的運輸公司聯繫，確保能按時接貨送貨。

有一天他忙得要命，就把聯繫的事交給了下屬。

等他忙完已經晚上十點了，他詢問情況，下屬說聯繫不到運輸公司。

他強忍著沒發火：「然後你做了什麼？」

下屬說：「等著。」

劉哥當時就火了：「明天一早必須到貨，現在還沒聯繫到運輸公司，你還要等到什麼時候？」

下屬理直氣壯地說：「不是一直都正常接貨嗎，還用得著天天聯繫？」

劉哥沒時間和他爭辯，親自接手，運輸公司一直沒人接電話，負責的運輸司機也聯繫不上，最後經多方打聽，才知道該運輸公司和司機鬧矛盾，司機集體罷工了，現在公司亂成一鍋粥。

好險啊！劉哥趕緊聯繫其他運輸公司，因為已經很晚了，很多公司都下班了，最後好不容易找到一家，才沒有耽誤第二天的正常運輸。

很多人都有一個毛病，就是在概率問題上嚴重淡化風險而高估收益。橫穿馬路時心想「不可能那麼倒楣被車撞吧！」，買彩券時幻想「為什麼不能是我呢？」……實際上，沒幾個人是最特別的那一個，能一眼看透事物的本質，擁有這種「動態視力」的人萬中無一，憑什麼就是你呢？

劉哥是一個眼裡揉不得沙子的人，遇到問題從來都是正視問題，著手解決，從不拖著耗著，所以後來自己創業也很快就賺得盆滿缽滿。

這世界有眼裡揉不得沙子的人，也有恨不得往身體裡摻沙子的人。及格就歡天喜地了，為什麼要拼命爭滿分呢？習慣了湊合的生活，咽下了所有的「還行」、「挺好」、「都可以」，對自己越來越降低標準，但也越來越習慣。

誰都知道躺著舒服，但是躺得時間久了，四肢麻木，肌肉萎縮，想站起來時也站不起來了。這一刻不努力的確很舒服，這一刻的努力看起來也沒什麼用，可是五年後？十年後？二十年後？誰知道呢？

力的作用是相互的，如果你習慣了「敷衍」生活，那麼生活也會「敷衍」你。

我們無法控制事情的發生，但能決定自己的回應方式。是害怕退縮，還是正面突破；是耿耿於懷，還是付之一笑；是被擊倒在地，還是起來再戰。

不同的態度，決定了不同的回應方式，不同的回應方式，會帶你走向不同的人生。而生活的微妙之處恰恰在於，同一個問題，只要改變一下你的看法，就能改變它的結局。困難可以變成挑戰，倒楣可以用來調侃，失敗可以獲得經驗，生活也可以從困難模式切換到簡單模式。

態度上的弱點會變成性格上的弱點

我見過太多人，在工作上你推他一下動一下，你不推他就不動；我見過太多人，你不安排任務給他，他就不知道如何工作，因為他的目標就是別人的命令；我還見過太多人，不思考、不總結、不改進，他每天做的事情，不過是把自己之前的錯誤重複一遍而已。

人與人之間最大的差別不是外表，而是內心。從你內心放棄卓越、接受平庸那一刻開始，你的行為、你的狀態也會跟著平庸，最後，你只會越來越平庸。

說到這家「午間食堂」，之所以經常去，除了因為它離我公司近，還因為那裡的食物讓人放心，衛生上放心，味道上更沒的說。

有一次，我坐在吧臺附近，一邊玩手機一邊吃午飯。老闆River和員工聊天的話傳到我耳朵裡，事先聲明我並沒有偷聽，他們也沒有偷偷摸摸的意思。

大概是River發現店裡的咖啡豆受潮了，就一層一層地查原因，結果發現是供應商的倉庫之前漏水了，導致部分咖啡豆外包裝濕了，供應商發現得早並沒有產生多大影響，就正常送過來了。

當時我也在喝咖啡，趕緊喝了兩口，說實話，我是完全沒喝出來口感有什麼不一樣。

店員也對River說：「真的，喝不出來。」

River搖搖頭說：「不行，咖啡豆的品質直接影響口感，不能就這麼算了，重新訂一批貨，讓他們順便把這批拿走，拆封的就算了，但是別給客人做。」

我聽完之後，內心瘋狂為River點讚，覺得當時吃的炒飯更好吃了，從此我成了「午間食堂」的常客。

更換一批咖啡豆，店裡肯定是有損失的，他這是自找麻煩。但是，優秀的人都有很強的渴望要把事情做好，他們獨立思考、反思判斷、提出建議、積極推動。正是因為有種「既然做了，就要做好」的勁頭，才有能力承擔更大責任，獲得更多的收穫。

庸人只會做到點到為止，差不多就好；而高手總是得寸進尺，不斷更好。

一流的廚師不僅能把鮑魚、松露這些頂級食材做成珍饈美味，也能把炒蛋、小白菜這種家常小菜做到唇齒留香，這也是為什麼我們總說真正考驗廚師功力的恰恰就是家常小菜。

一流的高手往往在常人注意不到的小事上展現出一流水準，這也是很多普通人無法成為高手的重要原因，這不是能力問題，而是態度問題。

對生活有態度，有責任心的人，真的讓人很喜歡。

早晨買咖啡時，服務生笑得很燦爛，操作更流暢，額外關心地叮囑一句顧客「小心燙」，都會被感染到。

同事在討論中多問了幾句，促使大家多想一點，會讓人覺得和他一起工作很幸運。

即使在工作之外，聊起健身、美妝、追劇、旅行，總有些人喜歡得厲害，研究得透徹，談起來眉飛色舞，讓周圍的人覺得世界豐富又有趣。

遇見這樣的人，讓人覺得幸運又舒服，這種正念滿滿、自我驅動的狀態，在不自覺間影響著我們，以或許微不足道的速度成長，讓我們的生活趨向更好的狀態。

這世上有天賦的局限，有命運的束縛，有很多我們做不到的事。可是，你可以試著不用「能力問題」做逃避的藉口。你若不去推進，又怎麼知道自己到底可以走多遠呢？

正如達利歐在《原則》中所寫：「沒有什麼比『明白現實世界如何運作』，並且『如何應對它』更重要的事。而你在這個過程中的心態，決定了所有的差別。」

在饑餓年代還能吃成胖子，那才叫本事

「三百六十行，行行出狀元」似乎已經不適合這個發展如此之快的時代，因為一個行業都有可能隨時被取代了，做了狀元又能怎麼樣呢？

無論你是演員、策劃、作家還是老闆，在上升期沒有找好全身而退之路，很可能是因

為你對未來、對變化、對起伏過於樂觀。有一天你遇到麻煩時，輕易就會產生對「失去」二字毫無防備的控訴。

一份看似穩定的工作，曾經能給予一個人多大程度的體面和安全感，就能多大程度地擊潰一個失去它的人。

如果你總是被動地接受生活給你的一切不如意、得過且過，遲早有一天你會「領盒飯」的。

「領盒飯」什麼意思，它屬於影視詞彙，出自周星馳的《喜劇之王》，裡面龍套拍完戲，走的時候可以領一份盒飯，後來就引申為你沒戲了，你完了。

社會發展速度之快，超乎所有人的想像。無名人氏可以在Youtube、抖音一夜爆紅，當紅明星也可以一夜之間無人問津。娛樂圈的風雲變幻，跟人生的波瀾起伏差不多。

誰都保不准自己能一直走上坡路，誰都要面對失去、沉寂和不再風光。成功只是偶發事件，失敗才是人生常態。

看起來是行業在洗牌，實際是在洗人，淘汰了那些混吃等死、吹牛浮誇的，留下那些專業專注、真才實幹的。哪有什麼金融危機、行業危機，都是人的危機。你不專業，只有被淘汰的命運。

真正長久的「盒飯」是你不斷變得更好的能力，不管你的外表有一天變成什麼樣，只要你有能力，大眾就會買單。這條路注定很艱難，但走得有價值，當有一天你擁有了真正的核心競爭力，你就會越走越順。

各行各業都是如此，如果一個職場人的核心競爭力只是年輕、廉價、老實之類的特點，就很危險了。你再廉價、再老實，沒有價值，一樣會被掃地出門。

穩定背後的代價，是在消耗自己未來的可能性。你要是有能耐，在哪都穩定；你要是沒能耐，在哪都危險。永遠沒有穩定的環境，只有穩定的能力。

真正的穩定不是來自外界的施捨，不是來自體制的庇護，而是來自自身，把命運把握在自己手裡才是穩定；真正的穩定是你在風暴之前就未雨綢繆，抓住機會野蠻生長，而不是最後發現不對勁了，才後悔自己沒有及早醒悟。

一如野鴨到家鴨的過程，野鴨總吃不飽、沒有溫暖的棲息地，不如家鴨有人投食、有安定處，但是一旦人類舉起了刀俎，家鴨就會發現自己早已失去了飛翔的能力。

大樹底下確實好乘涼，但你有沒有問過大樹喜不喜歡懶惰的你？

躺著贏這件事，根本不存在。你今天的選擇，決定你未來能不能順利過關。走出舒適區，不是讓你盲目行動，而是提醒自己，危機隨時會來，別一味地沉浸在過去裡坐以待斃；走出舒適區的目的不是找罪受，而是找到一個你之前從來不知道的更舒適區域。

越努力的人，越會主動尋找出路，想辦法解決問題，就不會被困住，反而像是被格外優待；而越是不努力的人，越喜歡抱怨、糾結，產生畏難情緒，更容易受害，像是命運的棄兒。

反正努力也會被當，乾脆就不要努力了；反正也不會漲薪水，不用那麼認真工作；反正坐捷運也很方便，沒必要存錢買車……最終，你的生活也就不可避免地從嘴上的「根本不想要」，慢慢滑向現實中的「想要也要不了」。

烏鴉喝水的故事我們從小就知道，烏鴉想喝瓶子裡的水，放了很多石頭填滿瓶子，讓水位上升。這個故事告訴我們，只要動腦子，這世界上沒有解決不了的事。

可是現在是，當你還在做那隻到處找石頭的烏鴉時，別的烏鴉都用上吸管了。

達爾文說：「能夠生存下來的物種，並不是那些最強壯的，也不是那些最聰明的，而是那些對變化做出快速反應的。」

做到六十分已經不夠了，八十分是起跑線，九十分還能往前衝，一百二十分才是新目標，你做不到，後面有的是人願意去做。

有危機感的人，著眼的地方從來不是現在。洪水來襲時，能給你帶來安全感的，不是一棵看起來難以被洪水撼動的樹，而是你的自救能力。

Chapter —— 19

你太習慣眼前的生活，才會對任何事都不感到好奇

有的人是，這世界本沒有路，

走的人多了，便成了路；

而有的人是，本來有路，卻越走越窄，

一直在悄悄把自己往死胡同裡逼。

很多事情只是不同，並無是非

朋友苗苗畢業後，選擇在當地發展。因為離家很遠，父母一開始並不同意。苗苗很有主見，就和父母深聊了一次，父母同意了。

苗苗住在一個公寓裡。公寓裡男女都有，客廳共用，平時下班大家圍坐在客廳裡聊天，分享上班趣事，也是很快樂的。

有一次，苗苗的叔叔和嬸嬸要去那裡旅遊，爸媽便讓他們順便看下苗苗生活得好不好。

叔叔和嬸嬸來了之後，苗苗一直陪著他們，吃了很多有名的小吃，還帶他們參觀自己的公寓。看得出來，他們玩得很開心，苗苗心想，這次爸媽肯定放心了。

沒想到叔叔和嬸嬸回去沒幾天，她就接到了爸爸的電話，讓她馬上辭職回家，態度相當強硬。

苗苗完全搞不清狀況，差點就妥協了，但是捨不得自己剛剛有點小起色的工作，她決定回家再勸勸父母。

回家後才知道，叔叔和嬸嬸回來之後就到處對親朋好友說：「還以為苗苗過得挺好呢，沒想到窩在小破公寓裡，男男女女一群人住在一起，亂糟糟的。」親戚朋友們也對苗苗指指點點。

苗苗當時氣壞了，自己快樂的生活怎麼讓他們描述得如此不堪，氣得馬上去叔叔家理論。

結果反被叔叔損了一頓：「你說你讀那麼多書有什麼用？還不是住在豆腐塊大小的房子裡，再看看我兒子，你堂弟，高中沒畢業就出來做生意，賺大錢了！」

苗苗突然明白了，再爭論下去毫無意義。這世界上真的有很多人，無論怎麼費盡口舌，你都無法和他相互理解。但就算無法相互理解，這些人對你的人生也沒有任何影響。

看過一個有意思的對話。

一個人問大師：「大師，什麼是快樂的祕訣？」

大師說：「不要和愚者爭論。」

這個人又說：「我完全不認為這能使人快樂。」

大師回答：「是的，你說得對！」

所以，永遠不要和眼界不同的人爭辯，那是對自己的一種無益損耗。

很多事情只是不同，並無是非，互相說服就是浪費時間。遇到觀點不一致的情況就及時轉移話題或者閉嘴，思想本來就是根深蒂固的東西，人們各持立場，沒必要強行要求一致。

有的人評價事情，總要用最下三爛的方式去想才安心，好像只有這樣，才能證明自己所有的預想都正確。他們生活在「別人不如自己」的幻覺裡無法自拔，享受可憐的優越感。

他們對自己的無知視而不見，還企圖讓別人拿他的無知當英明神武。如果你不肯滿足他這種離奇的要求，他會怒髮衝冠，為了維護自己，他甚至會跟你拼命。

明明認知有限，卻偏偏喜歡帶著偏見去看待別人。說白了就是見識太少，還太拿自己當回事。

讀過多少書啊，就敢說「這個世界就是這樣的」？認識多少人啊，就敢說「所有人都是這樣的」？親眼見過多少盛世和苦難，就敢判斷別人人生的好壞？

生活是一個圓，見識的多少決定了你的圓是大還是小。圓大的人與世界接觸的邊界就大，也能看清外面的世界有多大；而圓小的人，則固守著自己小小的地盤，以為世界的全部就是自己所見。

見識廣的人，不會秀自己知道多少，不會為了顯示自己有品位，硬凹造型。他們更懂得尊重和包容，願意擁抱不同。

生活方式的不被理解也許會是常態，你覺得自己活得很精緻，但在很多人眼裡你可能是慘兮兮的。因為那些可愛的生活方式，那些堅強自主的精神，在兌現出更好的實際利益之前，在人們心中依舊是「不值錢」的。

沒必要跟觀念作對，也沒必要向別人宣示主張，少一點對流言蜚語的關注，過好你自己的日子。你不需要降低自己的標準去迎合，該改變的是他們，他們不願意改變，那是他們的損失，不是你的過錯。

內心再強大一點，就不會聽風就是雨；知道的事再多一點，就不會人云亦云。

有些人只想吃一碗麵，有些人卻想見世面

有的人是，這世界本沒有路，走的人多了，便成了路；而有的人是，本來有路，卻越走越窄，一直在悄悄把自己往死胡同裡逼。

高中一位同學叫王大明，我們都叫他大明白，因為他一直活得特別「明白」，他自己也這麼認為。

大學考試填志願時，他選擇了未來考公職很有幫助的科系，也如願以償了，後來參加國家考試順利成為公務員。

他所在的工作單位流動性很小，同事大多年齡偏大，像他那麼年輕的，一進去自然引起不少關注，還獲得了上司的器重，常常把他帶在身邊。其他同學還在拿實習工資時，他的薪水已經是別人的兩三倍了。

剛開始，他也不太習慣工作單位的氛圍，多數時候大家都很閒，聊家長里短，扯明星八卦。時間長了，大明白漸漸活出了優越感，「寧當雞頭，不當鳳尾」成了他的座右銘，並怡然自得。

每次聚會，他驕傲的表情就好像站在世界之巔。

幾年之後，大明白的職位沒什麼變動，薪水也幾乎沒有變化，用他自己的話來講，微微上漲的一點還沒有通貨膨脹跑得快。到了還房貸都困難時，他才意識到自己差得太遠了。

他曾經把履歷悄悄掛在網上，想體驗一下被爭搶的感覺，可是半年多了，沒有一個人事給他打電話。他很沮喪，幾年的工作經驗，居然一文不值。反觀那些在辛苦打拼的同學，幾乎都打開了自己的事業版圖。

前兩天他還在社交平臺上感慨自己時運不濟，趕上行業經濟不景氣。

「寧當雞頭，不當鳳尾」乍一聽好像有點道理，可仔細一想，雞和鳳凰是兩種生物，雞頭當得再久，你也成不了鳳凰啊。

那些勇敢地選擇迎難而上的人，的確有可能失敗，但經驗的累積才是重點，為了追求更大的成功，偶爾失敗一次也沒那麼可怕；反倒是那些整天舒舒服服過日子的人，他們更容易成功，因為像每天五點下班買買菜，回家舒舒服服打個遊戲，這種事情有什麼可失敗的？

如果一個圈子裡你是最大的咖，那真的相當有問題。只滿足於當雞頭，不僅與鳳凰無緣，日後可能連雞頭的位置也保不住。

網上流傳過一句話：「見識太窄的人，總是慶祝平庸。」也是這個道理。很多人之所以一直鬱鬱不得志，不是能力不行、機會不夠，而是目光短淺，對自己一點平庸的成績志得意滿，過早選擇放棄，停止奔跑。

什麼是局限？局限就是砍柴的人，永遠覺得皇帝用的是金斧頭。當一個人只局限於眼前那點事，視野自然變得十分有限，有限的視野，往往讓人變得弱小卻不自知。

和優秀的人在一起的確很辛苦，你會經常被打擊，處處受掣肘，一不小心還會掉進坑裡，但別忘了，往上走的路永遠都是艱難的，但是山頂的風景也真是壯美。

生而爲人，我們是爲了體驗更多而來

前幾天，我在超市目睹了一場小型爭吵事件。

本來我在零食區選點心，結果一聲刺耳的尖叫聲成功地把我吸引到蔬果區。原來一位五六十歲的阿姨在挑選韭菜時，把一些看起來乾枯的韭菜葉子全部挑掉了，還扔得滿地都是。

超市工作人員過來阻止，她不滿地反駁：「這葉子都乾枯了，誰願意要呢？」不管對方如何解釋，她都寸步不讓。直到圍觀的人越來越多，她才「開恩」地扔下韭菜：「我不買了，行了吧？就你們這樣的超市，我不會再來了。」然後，理直氣壯地走了。

當你的眼裡裝的都是瑣碎小事，你的世界會變小，而一個人變弱，就是從他的世界變小開始的。它能把一個從前淡定又強大的人，變成現在兇悍卻弱小的樣子。日常活動範圍的縮小，並不意味著你的世界一定會變小。真正決定你世界大小的，是你的眼界和格局。你有怎樣的眼界，有多大的格局，就會看到多大的世界。

人一沒見識，就容易無知。見識太窄的人永遠也不懂，為什麼有的人有那麼好的工作還要辭職，也不懂為什麼要把青春浪費在追尋夢想上，因為他們總是對遙遠的未來缺乏想像力。

見世面不是在世界的塔尖建一座富麗堂皇的宮殿，每天俯視路上行人自覺高人一等，而是真正去世界的各個角落走一走，看到自己的渺小，領略更多美景。

不在於見識過最好和最壞，而在於你知道這世間有最好和最壞，能分得清孰輕孰重，知道如何從容地面對。

你可以沒有出生在一個富裕的家庭，沒有吃過山珍海味，沒有環遊世界的經歷，也沒有買過奢侈品，但你同樣可以因為讀書識人，而讓自己見世面。

對於高檔消費有心理預期，也有抵抗能力，不會因為別人送了一個禮物，請你吃了一頓飯，就改變待人處事的態度。

懂得愛自己，努力充實內在而不賣弄小聰明；不在工作中透支自己，懂得享受生活，不把工作的不愉快帶到生活裡；不在感情中迷失自己，不強求，不充滿怨恨。

懂得善良但不怯懦，洞悉邪惡但不齷齪，不輕易被誇誇其談忽悠，不容易被花言巧語俘獲。

一個見過世面的人，很難被物質上的滿足所牽絆，因為曾見過世界的繁盛與複雜；一個見過世面的人，很難被世俗的價值觀所定義，因為心中自有好壞美醜的評判；一個見過世面的人，甚至不再顯得片面武斷和衝動，因為對於眼前的種種早有思考。

你眼裡裝得下天地，也裝得下別人，心中擺得正世界，也清楚認識自我，因為世界的複雜與多元，你都見過。見識的提升，會讓你發現過去非常執著與喜歡的東西，不過是滄海一粟。

失戀不可怕，有眼無珠不可怕，看不清人不可怕。可怕的是你拿著一堆垃圾非要當成潛力股，還捧在手心裡使勁地惋惜。這就跟得了流感一樣，得過之後需要增強的是免疫力，而不是一邊痛苦，一邊非要作踐自己。

當你見過更大的世界，見過各種各樣的人，以及他們各自不同的人生和選擇，這些人和他們的人生無形中會影響你的很多決定。在很多關鍵性的節點上，見過世面的人的選擇是截然不同的。這不是刻意為之，而是一種無形的烙印。

只有親自見過了世界，才談得上擁有世界觀。在此之前，一切都是別人強加給你的幻覺。

曾經看過一句話：文化到底是什麼？文化是你學過的一切知識忘掉之後，留下來的東西。其實見識也一樣，你可以花錢讓自己體驗美食、美景、名牌服飾……但花錢買不到的那部分，那些已經被內化的感悟，形成了體系的知識，思辨的能力才真正有用。

當你爬過最高的山，喝過最烈的酒，自然能體會到什麼是寵辱不驚。

你見過、吃過、體驗過，就不會再羨慕別人，更不會不甘心。無論有沒有變成理想中的自己，你都已經脫胎換骨，完全是一個全新的自己。

見天地，見眾生，最後都是為了見最好的自己。願你加倍努力，內外兼修，認真且酷。

Chapter — 20

太想要結果的人，反而無法正常發揮

生活裡，有兩種人不會過得太好，

一種是光說不練的，一種是用力過猛的。

一開始就用力過猛的人，往往後勁都不足

最近一直在減肥的李可怡好長時間不出來和我們一起吃宵夜了，結果昨天象徵性地約她，她竟然爽快地答應了。

今天一見面，怎麼說呢，和上次見她對比，真的沒瘦多少啊。

我挺納悶：「你最近是不是反彈了？」

李可怡說：「我是被嚇得不敢減肥了。」

原來李可怡一位同事的女兒因為減肥過度被送進了醫院，十七歲，本來長得水靈漂亮，結果嫌自己太胖了，拼命減肥，現在瘦得和紙片人似的，一六〇公分的身高，體重卻只有四十幾公斤。

她是被她媽媽強行帶去醫院的，醫生給她檢查，說情況比較嚴重，屬於神經性厭食症，還有重度營養不良。換句話說：減肥減得太誇張了……

女孩一聽讓她加強營養，多吃點，當時就要跳窗逃跑。她媽媽只好帶她回家，沒過多久，她突然暈倒，把她媽媽嚇壞了，又強行帶她到醫院治療。

醫生說這次的情況更嚴重了，再不治療會有生命危險，這才把女孩嚇住，勉強接受治療。經過一系列康復治療，女孩體重一天天上去了，身體也漸漸好起來了，關鍵是心態也好轉了，不再吵著減肥了。

李可怡說，聽完之後，既為女孩慶幸，又有點害怕。之前她可是有著「一個月瘦十公斤」光榮歷史的人。

當然痛苦也只有自己知道，減肥那段時間，看起來身體是瘦了，但並沒有變得更健康，那些體重計上的數字，給人一種很勵志的假像，而真實的狀態卻是：常常失眠，每天昏昏欲睡，新陳代謝紊亂。

李可怡說：「再也不敢瘋狂減肥了，還是循序漸進慢慢來吧。」

減肥這種事，沒必要妖魔化，說白了，減肥就是想成為更好的自己。這不是什麼壞事，人對自己身材有要求無可厚非，但是這種自殺式的瘋狂減肥，看起來是超級自律，但只不過是一次不顧後果的自虐而已。

作家吳淡如說：「最重要的路程應該慢慢跑完，而不是剛開始跑得有多快，跑得過快，用力過猛，提前消耗所有的耐力、毅力，甚至無法到達終點。」

欲速則不達，太想要一個結果的人，往往都不會得到一個好結果。稍微用點心，你就會發現，周圍那些一開始就用力過猛的人，往往後勁都不足。

而那些活得很有彈性的人，就算一開始平靜如初、波瀾不驚，不急不躁亦不猛烈，但慢慢地，在時間的見證下，他們靠著持續的自律和適合的節拍，卻走得更遠。

人生就像化學實驗一樣，有快速起反應的，也有緩慢起反應的。快未必是好事，你得預見實驗結果是什麼產物，那可能是昇華，也可能是灰燼。

愛得太用力，也很傷元氣

很多人在感情裡也常常用力過猛。

我有一個朋友悅悅，她是一個對愛情特別容易認真的女生。每次戀愛，很快就會百分之百投入，所有心思都撲在男友身上，和朋友聚會也少了，徹底變成「有異性沒人性」的代表。

逛街，是為了給男友買衣服，因為他需要好的裝扮去應酬；做飯，全是男友喜歡的口味，男友喜歡吃海鮮，她就在網上找各種教學影片跟著學；看電影，明明害怕看恐怖片，但是男友喜歡，也硬著頭皮，睜一隻眼閉一隻眼看下去；旅遊，根本沒有，因為男友不喜歡出行。滿腦子只想每分每秒跟男友在一起，就是想對他好，想成為他的唯一。

悅悅滿心以為可以和男友走進婚姻的殿堂，卻在戀愛一年多的時候被分手了。

男友給出的理由是：受不了，快窒息了，壓力很大。

沒錯，她是對他很好，他加班時，她煮好了湯，送來慰勞他。開始幾次還覺得很幸福，同事也很羨慕。次數多了，總有被監視的感覺，同事們的調侃聽著也不舒服。只要一聽到悅悅來了，他頭就開始痛。

偏偏悅悅又很愛吃醋，男友隨口說起一個異性朋友，她一定要查出祖宗十八代。他只要一出去玩，奪命連環call馬上響起來，每個電話問的都是同樣的話：你在哪裡？什麼時候回家？

最恐怖的一次，有六十多個未接來電和一百多條未讀訊息，看到消息通知，他感到不寒而慄。一想到要這樣過一輩子，他就心生恐懼，只想逃跑。

分手之後，總會有人問：「我這麼用心、這麼努力，為什麼總得不到想要的結果？」

因為想得到，總會拼盡全力，可一不小心就過猶不及。輕則會略顯尷尬，給對方帶來不舒服的感覺；重則會弄巧成拙，適得其反，最終讓好事變成壞事。

有句話說：太愛的兩個人沒有辦法在一起。以前我覺得是矯情，可是細細一想，才發現這是真理。為什麼？因為一旦愛過頭了，就很容易失控，卑微到塵埃裡，直到失去自己。

愛得太用力是很傷元氣的，充滿了求而不得的擔憂，得而復失的恐慌。愛得天崩地裂，壓力也會增大，猶如在高壓鍋中的感情，不斷經由鍋底的火焰加熱，壓力不斷上升，倘若沒有閥門釋放壓力，終有一天會爆掉。

兩性關係的維持，不是靠自我標榜式付出，不是道德綁架，更不是持續不斷的轟轟烈烈，而是恰到好處的相互吸引和投入。

適度付出，永遠比用力過猛更容易幸福，那些細水長流把日子過成詩的人，更容易白頭偕老。

弗朗茨．卡夫卡在《城堡》中說道：「努力想要得到什麼東西，其實只要沉著鎮靜、實事求是，就可以輕易地、神不知鬼不覺地達到目的。而如果過於使勁，鬧得太凶，太幼稚，太沒有經驗，就哭啊，抓啊，拉啊，像一個小孩扯桌布，結果卻是一無所獲，只不過把桌子上的好東西都扯在地上，永遠也得不到了。」

很多時候，出大力、使大勁不一定能出奇蹟，也有可能經常上演悲劇。所以，想要達成目標，需要用心用力，但不需要過猛；需要拼盡全力，但更講究恰到好處，循序漸進。

你過於在意的東西，永遠在折磨你

極端懶惰的人和極端努力的人，都是極易受苦的人。他們像是蹺蹺板的兩頭，永遠無法達到平衡狀態。

前者過分滿足於現狀不思進取，後者過分對現狀不滿，竭力燃燒，二者的結果都是自我毀滅。只不過前者是顯而易見的，後者難以洞察，甚至是一種看似正向，實則隱藏著病態的價值觀。

而更符合現實情況的是，這兩種左右極端的性格可能同時存在於一個人身上。一會喪氣，一會幹勁滿滿，很多人的人生在左右搖擺、搖搖晃晃中度過。

「持續性地混吃等死，間歇性地躊躇滿志」是常態，既懶得像只豬，又不敢像豬那樣懶得心安理得。沒有能力改變眼前的一切，也不滿意眼前的自己，最終沒能配得上自己的野心，也辜負了所有的苦難。

這大概是「用力過猛」的另一種解釋：用力過猛時，摩拳擦掌、躊躇滿志；力氣用盡時又得過且過、混吃等死。

一開始就把標準定得太高、決心下得太猛，到最後卻發現，開始的「用力過猛」都無一例外會敗給「過早夭折」。

因為你總是希望得到一個完美的結果，看一本書希望它讓你變得深刻，游泳健身希望它讓你一公斤一公斤瘦下來，發一條訊息希望它被秒回，寫一個故事、表達一種心情希望它被關注、被點讚，參加一個活動希望換來豐富的人脈。

如果結果很理想，你會長舒一口氣，如果不理想呢？就會自怨自艾。可是小時候也是同一個人，可以用一下午的時間躲貓貓，不會因為自己被抓住就覺得顏面盡失。

小時候我們不期待結果，哭笑都不打折；長大後的我們都活得太用力了，反而沒有小時候那麼開心了。

真正好的生活狀態，一定包含著時間長度的指標，即長久性。

這個狀態是可以持久的，是良性迴圈的，是能夠保證你以這樣的狀態五年，甚至十年以上的，而不是像要累死自己一樣，用前半生燃燒自己，以為後半生能享福，沒想到在前半生就掛了。

不建立在健康管理之上的事業，毫無意義；不建立在持久度上的激情，毫無意義；不符合人性標準的自律，毫無意義。

也許你會說自己憑藉激情和壓力，取得過不錯的成績，但激情一定只能臨時救場，不能長久續命。激情狀態是極度失衡的狀態，壓力水準會在空前的高度，焦慮、煩躁是最常見的狀態，腦子裡雜音很多，做不好事情。腎上腺素飆升，五十％救命，五十％致命。

當你後退一步，放鬆那根繃緊的弦，你發現能更好地做事了，而且確信能夠輕鬆愉快地做上好幾十年。

活著是為了達到一個屬於自己的「均值」狀態，也可以把它叫作「中間態」。就是剛剛好，不偏不倚，自然平衡的狀態。人啊，缺哪一樣都不行。

一時的激情和熱血並不能保證你走到終點，而恰到好處的堅持和投入卻可以。運動健身恰到好處才能安全健康，表演恰到好處才能成就藝術，評論恰到好處才是獨到精闢，為人恰到好處才是真君子，做事恰到好處成果才能如約而至。

求生存、求成長、求發展，做人、做事，都切忌用力過猛。保持鬆弛、從容、每日精進的狀態，在行為上不冒失、不強求、不虛晃，這大概就是最好的用力吧。

最後，用渡邊淳一的話結尾吧：「人也罷，花草和其他生物也罷，凡是過度想表現自己，凡是用力過猛的，就會使人掃興，減弱了它本來所具有的魅力。」

Chapter —— 21

有期待不是壞事，能安排妥當才叫本事

你自以為是的驕傲和不堪一擊的期望值之間，

隔著一百個被拒絕的理由。

現實往往喜歡用殘酷來調教你：

你不夠強大，連靠自己的資格都沒有。

你弱的時候，別人話最多

前幾天，一位很久沒聯繫的朋友在網路上聯繫我，我想了一下，也有六七年沒見了。我們順利加了好友，互相瞭解了近況。原來這幾年她一直在北京努力工作，挺辛苦的，薪水也不是很高。和七八個人合租，天天早上排隊洗漱，上廁所全靠搶；吃飯基本是外賣，因為共用廚房只會讓人喪失食欲；早晚加在一起通勤三個多小時……每天心情都差到極點，只想跟人大吵一架。

別人都是為怎麼掙錢而發愁，她卻是為怎麼花錢而發愁——「二千塊錢怎麼能花到下個月十五號呢？」

隔著螢幕也能感受到她深深的無奈和挫敗，甚至還有一絲怨懟。也許在她看來，自己那麼努力，那麼拼命，為什麼生活還是沒有善待她？一個人在外地舉目無親、無依無靠，前面的路如履薄冰，後退一步也是萬丈深淵。

這種無所適從的時刻每個人都曾有過：生活明明已經那麼難了，可總有一些不愉快的人和事跋山涉水來刁難你。

你覺得很委屈，甚至覺得生活對你不公平。但放眼身邊，誰敢說自己活得輕鬆，只是每個人的「難點」不一樣罷了。

我上司Rachel還是職場新鮮人時，是總經理助理，本來日子倒也不錯。可誰知公司兩個部門的經理同時辭職了，一時又找不到合適的人選，總經理覺得Rachel可以勝任，就破格把她提升為經理，兼管兩個部門。

Rachel每天都處於極度抓狂的狀態，那時她真的覺得生活好難。工作忙也就算了，同事們私底下也排擠她，說她一個小助理，想管兩個部門，根本就是德不配位。Rachel說，那時候不搭理她的就算是好心了。每天她都跑到樓下上廁所，生怕聽到什麼讓自己崩潰的話。

正值絕望之際，她無意中看到一句話：「你那麼容易崩潰，還不是因為你弱，沒有能力解決問題。」

這句話來得如此及時，瞬間點醒了焦頭爛額的Rachel。她發誓，絕不會再給人留下話柄。別人私底下說什麼，她毫不在意，每天照樣打扮得漂漂亮亮，工作比誰都用心。

她重新審視自己的工作，按照輕重緩急逐個處理。慢慢地，她工作有了起色，兩個部門都很快走上正軌，還獲得了上司的肯定，大幅度加薪。再也沒有人在背後說她壞話了，她穩穩地坐上了部門一把手的位置。

為你的價值觀辯護，為你的生活方式辯護，為你的能力辯護，最好的方式就是變強。弱者才會乞求放過，而強者總是默默翻盤；弱者在和世界爭辯，強者在用行動證明自己。

如果你拿著「受害者」的劇本，身邊所有的人都會成為「加害者」。世界從來不同情弱者，只有熬過來，才能徹底洗白。

面對謠言非議，你可以轉身就走，也可以置之不理，但千萬別在別人面前露怯，因為你的每一次回應都是在滿足他們的口水欲。

不要一輩子消耗在和敵人的惡鬥上。如果你足夠強大，那麼就捏准他的七寸去反擊，讓他再不敢招惹你；如果你本身弱小，那就不要和他過多糾纏，把精力用於強大自己。

生活有時很殘酷，你不知道一件事怎麼突然鬧得滿城風雨，也不理解為什麼一個錯誤就能讓你身敗名裂。

曾經一個朋友跟我說過一句話：「在乎意味著無知。別人不喜歡你，那又怎麼樣呢？你大概不知道，『喜歡』這兩個字有多不可靠。」

如果你飽受爭議、被世界非議，越是艱難的時刻，越要自己撐住自己。千萬別相信你慘的時候，別人會閉嘴。

到最後你會發現，你強大的時候，整個世界都會對你和顏悅色，溫柔友好；你弱的時候，遇到的壞人最多，最容易受盡委屈、四處碰壁。

世界有時候的確是不公平的，但還沒有不公平到，讓努力的人無路可走。努力的意義在於，以後的日子裡放眼望去，全部都是自己喜歡的人和事。

堵不住別人的嘴，就邁開自己的腿

前段時間，我目睹了一場大型街頭「假車禍」。

BMW和電動車來了一個「親密接觸」，BMW車速並不快，是正常右轉，結果電動車以馬上要起飛的速度飛速而來。幸虧BMW反應及時，電動車只是被碰倒了，而車主摔倒在馬路上。

ＢＭＷ車主趕緊下車，看到電動車車主好像沒什麼大礙，就說：「沒事吧？我扶你起來吧。」說著，就要伸手扶他。

電動車車主馬上要起來了，結果瞟了一眼車子，又一屁股坐下了。我真的看得特別清楚。

電動車車主說：「不行了，起不來了，腿動不了了。」

寶馬車車主估計也看到了那個馬上要起來的動作，稍微皺了一下眉頭，對他說：「那我送你去醫院吧？」

「送什麼醫院啊，沒有那個時間，算了吧，給我二千塊吧。」

我怎麼覺得這個事的責任在電動車呢？明明人家ＢＭＷ是正常行駛啊，而且看行車記錄器不是一目了然嗎？

ＢＭＷ車主堅持認為應該去醫院檢查一下，電動車車主就是想要錢，兩個人爭執了一會兒。這時圍觀群眾不耐煩了，也幫忙勸和：「你一個開ＢＭＷ的，就給他二千塊吧，多簡單的事啊。」「快把馬路讓開。」這樣的聲音漸漸多起來。

最後，ＢＭＷ車主掏出二千塊，兩個人算是和解了。ＢＭＷ車先走了，電動車車主站起來，拍了拍身上的土，也快速騎走，還是馬上要起飛的節奏。

我呢，作為圍觀群眾，大開眼界了。不是所有的「假車禍」都是蓄謀已久，很可能是水到渠成。生活中的好演技，根本沒有現成的劇本，就是轉念之間即興發揮，瞬間就把自己擺在弱者立場，隨時掌握主動權。

為什麼要扮演弱者？因為有用，最起碼在道德上和情理上都會拿到同情分。遇到這樣的人，就算道理在你這邊，你也百口莫辯。

最好的辦法就是：堵不住別人的嘴，就邁開自己的腿。不然他們自帶的生活邏輯，只會把你的價值觀打碎在地。

之前有一個新聞，某地一個班級，班導要求家長不要開豪車接送孩子，對孩子不好，容易造成比較的心理。

那位家長回覆：「我沒覺得有什麼問題啊，錢是我辛苦賺來的，不偷不搶，想給孩子最好的有什麼不對？如果開豪車就是攀比，那是不是你們孩子太脆弱了？另外，我憑什麼再買一輛『普通』的車？」

老師的出發點可能是好的，但是做法有點太片面了。人家家長憑本事買的豪車為什麼不能開？

這些年，見過不少「我弱我有理」的現象，明明有錯在先，卻總是以委屈的口吻，一邊縮小自己的過錯，放大別人的問題；一邊訴說自己不容易，指責別人不體諒。

說白了，這是被嚴重慣壞了。他們往往只看到自己的不容易，卻從不想想自己的行為給別人造成了什麼傷害。滿口的仁義道德，不過是想多占點便宜的「遮羞布」。

在他們的認知裡，弱者就應該被特殊照顧，他們還會用自己的偏見將你的智商拉到和他一個層次，用他的無理取鬧和無端糾纏把你打倒。

成年人的交際守則：對不喜歡的人，能遠離的就遠離，不能遠離的就在心裡保持距離。就像你被狗咬了一口，你是能和牠爭辯，還是能反咬回去，根本沒用，既治不好你被咬的傷疤，又順便丟了體面。

同樣，你和什麼層次的人爭辯，就注定了你是什麼樣的人。

別人跟你想的不一樣，是你的預設崩了，不是別人的人設崩了。

不是所有人都處於同一個層次，不是所有人都能跟你站在同一高度，不是所有人的想法都能跟你相似。未必是這個世界本身就壞，而是你所處的位置壞人最多。

無論你心存多少美好，你都要認清一個事實，這個世界還是有壞人存在的，但他們帶給你的傷害是有射程的，當你越來越強大，強大到不在那個射程範圍內，他們就沒有辦法傷害你。不要一邊混日子，一邊又嫌被欺負。你灰頭土臉的樣子，連爸媽看你都煩。

你越有本事，世界越是為你綠燈大開，你的運氣和你的實力息息相關。人性都有欺軟怕硬的一面，那些迎上來的笑臉，也是因為畏懼你的力量和實力。

打別人的臉，最好的方式就是用實力證明自己比他強，甩他幾條街，都不帶喘氣的。過好自己的生活，比起無謂的爭辯來得更有意義。

請把期望值調低，安排妥當自己的事

最近，朋友Edith的「人力資源奇葩經歷大紀實」又要添上重要的一筆了。

事情是這樣的，前段時間，Edith公司招了一個前段大學畢業的優秀畢業生小黃。小黃的部門上司很高興，大早上一上班，就親自帶著他參觀各個部門，一個個介紹。

小黃也確實沒辜負領導的期望，不過就是有點自恃過高，還特別自我中心。

有一天下班點剛過，客戶打電話給上司，說可以馬上簽合約，因為一會要出差，希望趕在上飛機前把合約簽了。

領導一聽趕緊來找小黃拿合約，結果小黃已經下班了。打電話也不接，訊息也不回。最後沒辦法了，上司只能和客戶道歉，客戶倒是沒說什麼，只不過他出差要一個月之後才能回來。

第二天一上班，上司劈頭蓋臉就把小黃一頓罵。

沒想到小黃也勃然大怒，說：「昨天是我奶奶生日，家裡人都在一起慶祝，我沒看到手機不是很正常嗎？再說下班了你不知道嗎？你沒有時間觀念嗎？」然後轉身走了。

正巧Edith過來送文件，目睹了這精彩刺激的一幕。

感覺上司心絞痛都要犯了，上司沖Edith擺擺手說：「你說這是什麼人啊！」

Edith對上司說：「年輕人不懂事，我去勸勸他。」

她找到小黃，小黃在收拾東西，看到Edith，說：「我不做了，辭職信後補。」

Edith對小黃說：「多大點事啊，道個歉就好了，還用得著辭職啊！」

「我沒做錯為什麼要道歉，下班了為什麼還讓我處理工作？」

「確實是下班了，但是客戶打來電話，我們總要去解決啊。當時沒看手機，事後看到了就不能回覆一下嗎？」

小黃說：「我同學說的真沒錯，這種小公司真的不能來。」拿上東西就走。

這是有多大的自信能輕狂成這樣，還真以為自己是天之驕子，世界都要圍著你轉？

如果一個人畢業幾年後還把自己的學校掛在嘴邊，說明他這些年沒什麼值得稱道的成就，名校的光環還是他最大的榮耀。這樣的人在大學考試那年就達到了人生的巔峰，從此只是用一生的時間來緬懷這個時刻。

名校畢業生，不想單純地適應世界，還有改變世界的雄心壯志是好事。但是改變也好，適應也罷，你總要知道，世界到底是什麼樣的。

像小黃這樣沒有斷奶的理想主義者絕非少數，他們幼稚、天真、無知，沒有正確的職場心態，注定要被赤裸裸的職場現實打碎一地尊嚴與夢想。

很多即將畢業的學生其實還一直活在「象牙塔」的幻覺中，他們對人生的規劃是「從名校畢業，在社會發光發亮」。他們是真的相信，只要一畢業，就可以輕鬆得到一份高薪職業，然後悠閒度日。

所以天之驕子們心態垮掉一點也不出人意料，可以想像，他們懷揣著玫瑰色的夢想驟然進入現實世界，難免遭到與內心預設不一樣的窘迫。

小黃有沒有才呢？絕對有，但是基本的EQ和溝通能力都沒有，單憑一腔熱血和清高孤傲就想讓社會拋棄成見。這不是求職，這是幻想小說。

東野圭吾在《解憂雜貨店》裡有一句話：「滿腦子天真想法的人，在社會上吃點苦頭也是好事。」

你自以為是的驕傲和不堪一擊的期望值之間，隔著一百個被拒絕的理由。現實往往喜歡用殘酷來調教你：你不夠強大，連靠自己的資格都沒有。

不是世界變壞了，是你沒有管理好自己的期待。什麼是期待？它就像你拋出去的一個水晶球，它在高空畫出一道美麗的弧線，你的心也隨著它一樣懸在半空中，只要對方沒接住，你就會感到焦灼難耐，非常被動。因為水晶球的下場如何，完全取決於對方的動作。

人一旦有了期待，就變成了幼稚園等人來接的小朋友。過高地估計了你和對方的關係，就會產生不切實際的期待。期望值太高，失望就在所難免。一旦期待落空，那種強烈的落差感，會讓人徹底寒心。

有期待不是壞事，能安排妥當才叫本事。試著把期望值調低，並且提前在腦海裡預演事情最壞的結果。降低對別人的期待，並不是要「以最壞的惡意來揣摩別人」，這更像是一種不帶任何預設和立場的接觸：我不知道你是什麼樣的人，我不知道你會如何對我，讓你理解我是我的任務。

不要寄希望於被照顧、被理解、被善待，而是要爭取理解，互相照顧，證明自己是一個值得被善待的人。

我見過你最差的一面，但依然願意跟你在一起，這才是婚姻；我知道你最不堪的一面，但依然記得你最好的樣子，這才是友誼；我嘗遍世間冷暖炎涼，但依然願在薄情的世界裡深情地活著，這才是生活。

能改變世界當然很好，但那一定是從改變自己開始的。當你內心強大時，就不會害怕孤獨，期待別人來陪你；當你經濟獨立時，就不會患得患失，期待別人來幫你。

你會更加坦然自信地面對一切，不會因為別人不肯幫忙而耿耿於懷，不會因為某個人的離去痛徹心扉，更不會為了無關緊要的人影響自己的心情。

Chapter — 22

生活實苦，你要給自己一點甜

人生八九不如意，

但那僅有的一兩分甜，才是日復一日的意義。

要經常給自己積極的暗示，

而不是靠苦行僧般的自律讓自己在苦難裡沉醉。

沒有人喜歡痛苦，快樂又自然地追求才會事半功倍。

要想人前顯貴，別只顧著人後受罪

「苦盡甘來」這個詞被添加了太多毫無關聯的東西，已經偏離了本身的意義。很多人由此認為，人必須多吃苦，管它有沒有意義。這種想法不僅是有害，簡直是有病。

國中同學陳凱，家裡幾代都是做皮鞋的。到了他父母這一代，成功將小作坊手工製作發展成皮鞋加工廠。生活雖然富足了，但是他父母忘不了曾經艱難的日子，總是告誡他：「千萬不要把福享到前面去了。」

他上大學後，寒暑假時其他同學去知名企業、大公司實習，他卻被父母叫回去做皮鞋，而且是純手工的。他也想去別的地方實習，但父母堅持認為：「天天坐在辦公室裡吹冷氣有什麼用，年輕人還是要多吃點苦。」

為了「鍛煉」他，父親規定每天要做幾雙鞋，做不完就不能回家。

他回憶起那段日子說：「每天一睜眼就和皮鞋打交道，手都磨破了，聞到皮革那個味道就噁心，永遠都不想穿皮鞋了。」

做皮鞋和他的專業一點邊都沾不上，他只覺得和同學之間差距越來越大。

畢業後，很多同學憑藉豐富的實習經歷，或轉正，或拿下心儀的工作機會。他的履歷「空空如也」，總不能寫「做皮鞋」吧，最後只能回家繼承家業。

能繼承家業不是天大的好事嗎？可是他並不想年紀輕輕就待在工廠裡，他也有自己的理想，內心的煎熬才是最要命的。

在父母的「鍛鍊」下，他算是吃足了苦。畢業三年，他還在工廠一線打轉，所學的專業一點也用不上。與父母談起，希望能出去闖一闖，父母卻總說：「聽我們的話沒錯，人生就是苦盡甘來。」

他後來徹底認命了，父母讓他做什麼就做什麼。

很多父母明明是好心，卻總喜歡給孩子「挖坑」，還指責他們「吃不了苦」。讓孩子一次次承受挫敗，美其名曰「挫折教育」。這是模糊了重點，將「不得不爬起來的壓力」和「積極面對困難的勇氣」混為一談。

直到孩子的童年結束，仍然有很多大人不理解，所謂的挫折教育指的是如果孩子遇到挫折，父母應該教他如何面對挫折，進而解決難題，而不是由父母給孩子製造挫折，讓無辜的孩子經歷人為製造的、完全沒有必要的艱苦和挫折。

能吃苦和多吃苦從來不能畫等號，更不能通過量變積累所謂的質變。因為前者是能力，後者是非必要的經歷。

很多人把「吃苦」當作成功的唯一途徑，並且將其理解成膚淺的皮肉之苦和機械重複。

王小波在《人性的逆轉》一文裡寫道：「人是一種會騙自己的動物，我們吃了很多無益的苦，虛擲了不少年華，所以有人就想說，這種經歷是崇高的。」

強大的心理素質從來不是單純的吃苦就能培養的。在所有人生模式中，為了未來犧牲現在是最壞的一種，它把幸福永遠向後推，實際上是抹殺了創造多樣幸福的可能性。

當命運分明給了你平坦寬闊的捷徑，你非要選擇一條彎彎繞繞、布滿坎坷的路，那就是自討苦吃。這樣的人沒有資格抱怨命運的不公和生活的艱難，因為將他們逼入絕境的，正是他們自己。

沒有人喜歡吃苦，但當苦難被冠上了各種各樣的花帽子，反倒讓人趨之若鶩。「苦盡甘來」是典型的倖存者偏差，有太多一苦到底的人沒機會說出這句話。

成功人士回過頭來咀嚼苦難，並賦予了苦難積極的意義，你就真以為「吃苦」是他們的制勝法寶，但你別忽略了天賦、運氣的作用。從來不是苦難鑄就了成功，而是那些人本身就足夠強。

佛洛德解釋過人們為何會對苦難癡迷：「假如人生活在一種無力改變的痛苦之中，就會轉頭愛上這種痛苦，把它視為一種快樂，以便使自己好過一點。」這不是自欺欺人嗎？

那些不願意放棄痛苦的人，是因為不知道隨之而來填補它的將會是什麼。寧可繼續熟悉的模式，在痛苦中不斷迴圈。那些動不動就炫耀苦難的人，實際上是非常心虛的。因為沒有得到想要的結果，才會不停強調自己的痛苦，以此來掩蓋失敗的無助。

真正能提升自己的方法，是將時間花在更有價值的事情上。苦難從來不是通往成功的必經之路，無法避免的苦難，你要去戰勝它。

吃苦可以，但委屈不行

前兩天，我上司Rachel帶我出去和她朋友談事情，其實是她去談事情，我跟著吃吃喝喝。

兩個人聊著聊著就聊到大陸最近很流行的996工作制上，所謂996，即早上九點上班，晚上九點下班，一週工作六天，據我所知，Rachel的這位朋友的公司確實是實行996工作制的。

Rachel的朋友很感慨：「現在的小孩太沒抗壓性了，沒做兩個月就走了，說996工作制不人道，沒有休息時間。」

Rachel一聽，立刻反駁：「就你們公司我還不知道，別說996，恨不得讓員工007（中午十二點上班，次日十二點下班，一週工作七天）。」

她的朋友很不以為然：「年輕人身體好，克服克服就過去了。」

「你讓人家怎麼克服？人家是來工作的，不是來送命的，這種工作方式和收買人命有什麼區別！」坐她對面的朋友還「嘿嘿嘿嘿」笑出聲了。

我在旁邊一邊吃吃喝喝，一邊生氣：現在的年輕人真是的，就這種工作強度，換我第二天就跑了。

Rachel朋友說的話，聽起來似曾相識。

比如你爸媽：「你們現在這些年輕人，稍微吃點苦就受不了了。」

你老闆：「你們現在這些年輕人，加點班熬點夜就嚷嚷著要辭職。」你導師：「吃虧是福，年輕就是要奮鬥。你們這些年輕人，真是越來越不聽話了，一點苦都吃不了。」

可拉倒吧，我們年輕人熬起夜來連自己都害怕，我們都是暗夜小精靈，在黑夜中釋放自己的光芒。

說年輕人吃點苦沒事的，就跟拋開劑量談毒性一樣是要無賴。

時代巨變，上司一代不如一代純樸，以前的上司還知道給你畫張大餅，就算兌現不了，說出來也是美妙動聽的；如今可倒好，餅都懶得畫了，直接簡單粗暴：「快來加班。」

很多人怕是對吃苦有誤解，不是年輕人吃不了苦，而是年輕人越來越不好騙了，不願意當傻子了；不是年輕吃不了苦，而是不願意被人用洗腦的方式吃苦了，給別人掙錢，還堵死自己上升的路。

就像我的一個朋友之前做了一份工作，因為種種不合理及不合法的待遇辭職了，臨走被老闆說「吃不了苦」。

我朋友對我說：「不對啊，我很能吃苦，非常非常可以，但我不願『委屈自己』，『吃苦』跟『委屈自己』是兩碼事，既然付出了就應得到合理的報酬啊。」

如果待遇和付出能相對成正比，如果工作前景和回報能掛鉤，吃點苦完全沒問題。只談吃苦，不談利益，想拿空手套白狼那招來套職場新鮮人，對不起，沒人願意。

又想馬兒跑，又想馬兒不吃草，天底下沒有這麼好的事。年輕人是近視，但不代表眼瞎。

阿蘭．德波頓對工作的定義是：所謂工作，就是有尊嚴的疲憊。

吃苦不可怕，可怕的是吃的是得不到回報、看不到希望的苦，不公平才是最可怕的。

吃苦可以，但請讓我們的回報配得上我們吃過的苦。這就是為什麼有的公司的工作環境惡劣，條件非常艱苦，還是有很多畢業生絡繹不絕，擠破腦袋也要爭奪這份工作。因為除了誘人的薪資福利，他們還能通過磨煉讓自己迅速成長，積累大量實戰經驗，為以後工作發展鋪好道路。

根本不是年輕人不能吃苦，更不是這一代人垮掉了，是我們變得聰明了，懂得挑選那些有價值的苦來成就自己。薪水高低、是否喜歡已經不是首選條件了，我們更在意的是一份工作能不能帶來成長。

世界上的苦分為兩種，一種是能讓人變強的，一種是沒有價值的。能讓你變得更強的苦，歸根結底是為了自己而吃的苦，是發自內心願意吃的苦。

你要去吃奮鬥的苦，別去吃生活的苦

對「吃苦」的定義確實和以前不一樣了，從一眼就能看出來的物質方面的，變得更隱形、更傾向於精神方面。

生病或者缺衣少食算是「苦」的一種，但焦慮、壓力、社恐、抑鬱等情緒和心理問題，以及生活林林總總令人不快的次要矛盾，也被我們細細端詳並且正式納入「吃苦」的範疇。

這種「苦」是一種無法和家人訴說的心累，他們所理解的苦，應該是工廠披星戴月，早出晚歸，體力不支那樣的。他們無法理解，最折磨人的通常不是那些說出口的苦，而是那些瑣碎細小，似乎微不足道，又切切實實讓人痛苦的小情緒。他們無法理解，我們面對的是如何成就自我的苦。

吳雙雙剛畢業在律師事務所實習，帶她的是事務所裡的資深律師。她幾乎每天都要加班。加班的內容，從來都是資深律師懶得完成的瑣碎工作。不僅如此，每天早晨還要幫他買早餐，他對早餐倒是很有要求，咖啡超過十五分鐘就會大發雷霆。

有一次，資深律師和對方律師約好見面，結果庭審延遲了，他去不了，就讓吳雙雙背黑鍋，害得吳雙雙被對方律師批評不專業。

吳雙雙做的大部分工作，基本上和律師沒什麼關係，就是在給資深律師打雜。不到兩個月她就辭職了，因為在這裡她每天加的班、熬的夜都是為了減少資深律師的工作量，根本不是為了她自己。

陳虻曾對柴靜說：「痛苦是財富，這話是扯淡。姑娘，痛苦就是痛苦，對痛苦的思考才是財富。」你可以不怕吃苦，可以勇於吃苦，可以自討苦吃，但不能硬說苦是福。就算因禍得福，禍本身也不是福。

把吃苦賦予意義和情調的人，說苦難是禮物的人，心裡八成想的是「不能我一個人受苦」。那些打不死你的不會讓你更強大，它們會把你打個半死，苦難就是苦難，不要美化它。

你要去吃奮鬥的苦，別去吃生活的苦；你要主動吃苦，儘量別被動受苦。你要有選擇地承受，洞察苦難的價值，這才是面對苦難應有的姿態，臥薪嚐膽從來只是下下之選。

不管起點如何，先苦後甜的人生規則不會變。但要防止苦難貫穿你的整個人生，否則會演變成麻木和畏縮，讓你自暴自棄，誤以為自己就是吃苦的命。

能讓人變強大的苦只能是那種短期的，有望終結的。它最好像一聲驚雷，給人短暫的折磨與警示，但它不能有隨時可能會響起的活躍，或以無聲綿長的姿態久久環繞。那樣的人生，會讓你連憤怒與悲傷的力量都漸漸失去，你只敢以最不耗費精力的方式「熬」著去度過。

無論是不是苦盡，甘總是會來的，讓自己過得舒服，從來就是人的本性。

想成為鋼琴大師，就每天坐在鋼琴前練上十幾個小時，環境越舒適你才越能專心致志；想要金榜題名，請靜靜地坐在書桌前苦練題目，心安理得地接受爸媽送來的營養晚餐；想要創業成功，請提高自己的商業知識和對人性的理解，而不是把生活過得慘兮兮地自我感動。

不得不吃的苦只能忍受，沒有困難還要給自己製造困難那叫腦袋有洞。

生命需要歷練，但歷練的基礎是得到充分的甜。苦吃多了，你也許很堅強，但未必幸福，即使未來有了可以享受的條件，你也沒有幸福的能力。

人生已經夠艱難了，還把「吃苦」這根稻草往上加，又是何必呢？生活本沒有那麼苦，是你喜歡添油加醋罷了。

周國平說：「喜歡談論痛苦的往往是不識愁滋味的少年，而飽嘗人間苦難的老年貝多芬卻唱起了歡樂頌。」

要把一件事堅持下去，重要的不是自我懲罰，而是千方百計降低這件事的難度、痛苦程度，甚至製造愉悅。吃苦是為了讓你成長，而成長是為了避免二次吃苦。人活著不是為了證明苦難，而是親歷過黑暗才配擁有光明。

有時生活給你苦難，那是在鋪墊浪漫，別在苦難裡圈地自焚。

Chapter —— 23

做人要像蘇打餅乾一樣，乾乾脆脆

你要做一個可靠的人，

不要耍小聰明，不要老想走捷徑。

答應別人的事一定要做到，

做這件事本身不重要，重要的是「你答應了」。

可靠的人千篇一律，不可靠的人各有各的問題

你能體會到那種自己辛苦努力了百分之九十九，最後百分之一輕鬆毀在別人手裡的心情嗎？

Mia體會過，那種感覺就像下載到九九%的檔案下載失敗了，只想破口大罵。

Mia公司有一位同事，每次聚餐總是習慣性遲到。先吃吧，感覺不太好；打電話催，總說快到了，就是不見人。後來，大家都知道了，他說快到的時候，百分之百還在家呢，就不再等他了。

工作時也一樣，明明答應得好好的，事到臨頭卻突然變了卦；嘴上說得很好聽，卻從來不行動。不僅工作錯漏百出，而且從來不為別人著想。和客戶談判，不是忘了帶合約，就是資料不齊。

Mia所在的部門，因為這位「任性狂魔」，幾乎隔三岔五就上演「來回地獄又折返人間」這種劇情。

有一次，趕上月底報銷，輪到「任性狂魔」送發票去財務部，結果他忘了。大家瞬間

崩潰，還讓不讓人活了！後來，大家的發票再也不敢經他的手。

還有一次，「任性狂魔」聽說Mia的同學是某培訓機構的負責人，就托她幫忙介紹自己的表妹去工作。Mia出於好心，便從中牽線周旋。

沒想到又被「任性狂魔」坑了，前一秒還讓Mia聯繫她的同學問什麼時候能面試，後一秒他表妹自己在家鄉找好了工作，還「忘記」通知Mia了。

最後的結果是，Mia連連道歉才沒傷了同學感情。Mia在心裡暗暗發誓，再也不會理「任性狂魔」的事。

人生已如此艱難，讓我們愉快地拆穿，這位就是典型的不可靠專業戶。別人為他忙前忙後，他卻在關鍵時刻出差錯，他自己沒有信譽就算了，還拉著別人墊背。

可靠的人千篇一律，不可靠的人總是各有各的問題。人啊，總是更習慣「寬以律己，嚴以待人」，什麼時候才能學會「對自己負責」？

有時候打敗你的往往不是聲勢浩大的神對手，而是拖你後腿的豬隊友。正所謂好隊友填坑，豬隊友挖坑。

好隊友最大的特點，就是不給別人添麻煩，而豬隊友就只會找麻煩，成事不足，還敗事有餘。意識不到自己哪裡出問題的人就是一顆行走中的定時炸彈，他永遠不知道自己的一個疏忽、一個細節錯漏，會給整個團隊帶來怎樣不可估算的損失。

對一個合格的職場人來說，如果沒有什麼填坑的能力，至少先學會不要挖坑。

同事關係也是人際關係的一種，好的關係就像一盆花，沒事澆點水，賞心悅目，運氣好的你來我往，滿屋芬芳；壞的關係就是利用別人，看似在透支別人，其實是在透支自己的信用度。

當我們說一個人可靠、守信、有職業素養時，其實是說這個人能遵守約定。而關鍵時刻玩消失、承諾的結果一變再變、共同定下的方案屢次推翻……一個在職場經常「毀約」的人，就是在透支信用度，信用度一旦「破產」，往往會失去很多機會，最後寸步難行。

這種破產比錢財破產更可怕，後者有很多重新來過的機會，而前者會被釘在不可靠的恥辱柱上，難以翻身。

那些可靠的人，每一次的說到做到，都是在積累個人的信用財富，除了會贏得同事、合作夥伴之間的信任，還能帶來更多實在的人脈。

做人可以放縱不羈愛自由，但做事不行

公司美編部的負責人最近離職了，高層決定在美編內部提拔。經過多方考量，人力資源主管將Sam和Cash推薦給總監，就業務能力、綜合素質以及對公司的忠誠度來說，兩個人不相上下。

那麼問題來了，到底選誰做負責人呢？

總監一時也沒了主意，就叫了兩位副總Amanda和Betty，還有幾個部門的負責人，當然總編，也就是我上司Rachel也被叫去了。

大家都覺得兩個人旗鼓相當，難以抉擇。

後來，廣告部的負責人打破了沉默：「我傾向於Sam，他辦事比較讓人放心。」

他說，把事情交代給Sam之後，完全不用操心後續。因為他肯定能做到，就算中途遇到困難，也會及時反應。比按時給出結果更重要的是，能為結果負責。遇到什麼緊急情況要加班，大部分人都怨聲載道，再三找藉口離開，但是Sam每次都選擇留下來，時刻保持待命狀態。

其他負責人也深有同感，就連一向不和的兩位副總也罕見地意見一致，所以Sam順理成章成為美編部的負責人。

我們幾個編輯私下也都認為Sam是最合適的人選，和其他美編合作像打仗一樣，和他對接卻格外舒服。所有的緊急任務，我的第一人選也永遠都是Sam，甚至非常小的改動，我也只想找他，從來不用擔心他做不好。Cash雖然各個方面都和Sam差不多，但從讓人放心這一點來說還是略遜一籌。

「你辦事，我放心」是對一個人最高的評價。工作中要讓上級、下級、同事放心，生活中要讓家人、朋友放心。

該認真的時候千萬不要嘻嘻哈哈，尤其在自己的工作領域。做人可以放縱不羈愛自由，但做事不行，哪怕再小的事，都要做到起碼的負責和敬業。長此以往，那些累積起來的小事會形成一個人給外界的固定印象。歸結為兩個字，就是「可靠」。

才華和能力很重要，但敬業和可靠的態度才是讓你走得長遠的關鍵。

我從不相信，一個連基本的表單都填錯的人，他能做好更複雜的帳單；我也不相信一個不能按時完成任務，還總說無所謂，幹嘛活得那麼緊張的人，會負責好一個重要的工程項目。

做什麼就要有做什麼的樣子，既是對自己的尊重，也是對別人有所交代。

真正聰明的人，不是費盡心機去做事，而是踏踏實實做好事。精明的最高境界就是可靠，讓人對你放心，就意味著你得到了一顆心，你獲得了多少信任，就贏得了多少人心。

別人對你的態度，就是你做人的一面鏡子。你對它微笑，它就會對你微笑；你為別人多著想一點，別人就會給你方便。而這一點點心思裡，藏著的是一個人的層次、格局和修養。

很多人會問：怎麼積累人脈，職場得意？其實就四個字：將心比心。

這些年，我認識很多好隊友，他們未必幫別人做過多麼感天動地的大事，反倒是在小事和細節上，特別會為別人著想。幫交接班的同事把資料整理好，做檔的時候把標籤貼好。人與人之間的默契、信任、好感都是從一點一滴的細節裡積累而來的。

這個時代，已經不可能有誰能孤軍作戰，只把自己的事情做好，已經遠遠不夠了。越往上走，越需要更多人的支援，而要想得到支持，就要學著為別人多想一點。

很多看似天上掉的餡餅，不過是前半生用心做人的總和

我們羨慕那些高ＥＱ的人，他們為人處世周到得體，工作生活總是一帆風順。但很多人對高ＥＱ有誤解，以為善交際，說話左右逢源，處世圓滑，就是高ＥＱ。

真正的高ＥＱ，是一種充滿智慧，利己同時也能悅人的正能量體現，單純的精明、不吃虧、事事占上風不是高ＥＱ，只是自私的高級表現而已。

「高ＥＱ」這個詞聽起來很迷惑人，但把它拆解開來看，就會發現它的高深外表下，藏著的是一個樸素的道理：真正的高ＥＱ，是做事可靠，做人有擔當，用實力說話。

所謂可靠，就是你能把每一件答應的事都做到能力邊界內的最好，甚至超出預期；你能讓人放心把一件事完全交給你，凡事都有回饋；你能給人確定性，合作友好，而不是處處給人挖坑。

可靠就是凡事有交代，件件有著落，處處有回音。說白了就是「我把命交給這個人，我完全放心」。

一個人縱使面龐俊俏、才華橫溢、家財萬貫，也比不上傳遞給對方的信賴和踏實、真

誠與善良更吸引人。

可靠的人，始於分寸，勤于細節，成於實力，終於人品。如果把他比作理財產品，他就是那種穩健型的。保本有利，不會大起大落，但永遠讓你心裡有底。

所有的春風得意、貴人相助，都必有來路；而所謂的懷才不遇、遇人不淑，也必有緣由。它體現在每一個看似微不足道，卻被人記在心中的小事上，而這種小事，積累得越多，以後的回報便越大。

很多看似天上掉的餡餅，不過是前半生用心做人的總和。

這種「天上掉餡餅」的事吳雙雙也遇到過。

前段時間，一位元客戶打電話給她，請她做代理律師。有錢賺當然開心了，在瞭解了案情之後，她接了這個案子。

但是她心裡一直有疑問，之前和這位元客戶並不認識，他是怎麼找到自己的呢？

後來實在是好奇，就問了客戶。客戶說，是一個朋友推薦的，朋友之前因為一個案子找到吳雙雙，後來因為各種原因，雙方沒有達成合作。雖然吳雙雙沒有成為對方的代理律師，但她依然遵守了當初的口頭承諾，在接下來的幾個月裡免費提供了很多法律意見給客戶。

客戶覺得這個律師特別可靠，後來朋友也遇到了麻煩，就第一時間把吳雙雙推薦給朋友。

你看，哪有什麼天上掉餡餅，哪有什麼處處有貴人，不過都是你信用的提取方式罷了。可靠的人會成為自己的貴人。

很多人也很熱心，有人求助或者有任務安排下來，每次都滿口答應。等到截止日期，不是還沒做完就是做得不好，然後弄出一大堆理由推托，讓雙方都很尷尬。幾次下來，很容易失去別人的信任。

人與人之間相處，最怕的是平時滿嘴大話，說得天花亂墜，等真正需要幫助時要嘛支支吾吾，要嘛從不把你交代的事放在心上。有時候，別人對你失去信任不是因為你的拒絕，而是你答應了卻做不到。

辦事可靠，讓別人放心，這是一種能力，看似平淡無奇，實則百裡挑一。

很多人對可靠有誤解。他們眼中的可靠意味著一成不變、循規蹈矩；意味著一輩子謹小慎微，逆來順受；意味著把自己禁閉在一個圈子裡，故步自封。

但真正的可靠，聽起來像感覺，做起來是原則。可靠，不是在圓滑世故中游刃有餘，而是在人際交往中懂分寸，恰到好處，讓人舒服；可靠，不是「事事沒問題」卻「事事辦不成」，而是做事情看得清自己的能力邊界，總能給人吃速效定心丸；可靠，不是不撞南牆不回頭，而是有能力在生活的大冒險裡，給自己上一份最好的保險。

人與人之間的隱性契約中，「可靠」是兩個值得重點加粗的大字，因為那是在說：我們值得彼此託付。

那些可靠的人，往往會盡心辦事，積極成事，並願意多走一步給自己未來預留更多的成功機會。你先前辦過的任何一件事，都有可能是醞釀成功的機會；你過往的每次成事有餘，都會在未來以某種有效形式變現給你。

加里．勒曾說：「你本人就是你所做事情的累積，若你不斷重複正確的行為，成功就不再只是一個狀態，而是一個你親手打造的習慣。」

當你言出必行，有心有力；當你不圖回報，真心實意地去做一些事；當你不斷積累自己的好評，打造個人品牌，那你的成功就不是偶然的概率，而是必然的結局。

要像小蘇打餅乾一樣，乾乾脆脆；要成為一把劍、一座山，做自己的武器和靠山。

願你既有看遍世間萬物的通透，也保留著善良如初的澄澈。你要努力做一個可愛並且可靠的人，讓別人對你始於顏值，陷於才華，忠於人品。

人生顧問 408

願世間美好與你環環相扣：

23 個正念祕訣，讓你在生活中保持快樂和溫暖

作　　者｜徐多多
責任編輯｜陳萱宇
副 主 編｜謝翠鈺
封面設計｜林芷伊
美術編輯｜菩薩蠻數位文化有限公司

董 事 長｜趙政岷
出 版 者｜時報文化出版企業股份有限公司
108019 台北市和平西路三段二四〇號七樓
發行專線／（02）2306-6842
讀者服務專線／0800-231-705　（02）2304-7103
讀者服務傳真／（02）2304-6858
郵撥／19344724 時報文化出版公司
信箱／10899 臺北華江橋郵局第九九信箱
時報悅讀網｜http://www.readingtimes.com.tw

法律顧問｜理律法律事務所 陳長文律師、李念祖律師
印　　刷｜勁達印刷有限公司
初版一刷｜二〇二一年三月十九日
定　　價｜新台幣三六〇元
缺頁或破損的書，請寄回更換

時報文化出版公司成立於一九七五年，並於一九九九年股票上櫃公開發行，於二〇〇八年脫離中時集團非屬旺中，以「尊重智慧與創意的文化事業」為信念。

願世間美好與你環環相扣 : 23 個正念祕訣 , 讓你在生活中保持快樂和溫暖 / 徐多多作 . -- 初版 . -- 臺北市 : 時報文化出版企業股份有限公司 , 2021.03
面；　公分 . -- (人生顧問 ; 408)
ISBN 978-957-13-8597-6(平裝)
1. 人生哲學 2. 修身
191.9　110000589

ISBN 978-957-13-8597-6
Printed in Taiwan